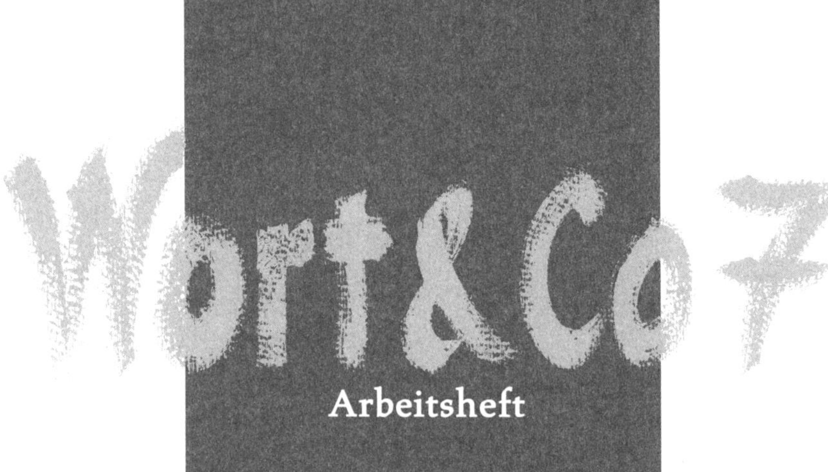

Arbeitsheft

Erarbeitet von:
Claudia Högemann
Ulrike Korb
Frank Kubitza
Anja Kühn
Gabriele Mages
Reinhild Międzybrocki

Illustration:
Peter Lowin

C. C. BUCHNER

Arbeitsheft

Dieses Werk folgt der reformierten Rechtschreibung und Zeichensetzung. Ausnahmen bilden Texte, bei denen künstlerische, philologische oder lizenzrechtliche Gründe einer Änderung entgegenstehen.

1. Auflage 4 3 2 1 2008 2007 2006 2005
Die letzte Zahl bedeutet das Jahr des Druckes.

Alle Drucke dieser Auflage sind, weil untereinander unverändert, nebeneinander benutzbar.

www.ccbuchner.de

Einband: Artbox Grafik & Satz GmbH, Bremen

Herstellung und Grafik: Artbox Grafik & Satz GmbH, Bremen

Druck- und Bindearbeiten: Graph. Großbetrieb Friedrich Pustet, Regensburg

ISBN 3 7661 **3847** 2

Inhalt

Meinungen und Standpunkte darlegen und begründen

➜ SB Seite 12 – 13

Meinungen und Standpunkte darzulegen und zu begründen kannst du mithilfe einer Argumentationskette üben. Eine Argumentationskette besteht meistens aus Behauptung, Begründung und Beweis/Beispiel.
Die einzelnen Teile der Argumentationskette werden durch sogenannte *Signalwörter* eingeleitet:
Behauptung *ich meine, dass…, meiner Meinung nach …*
Argument (Begründung) *da, weil, denn, nämlich …*
Beweis oder Beispiel („Stütze") *dies beweist, z. B., beispielsweise …*

1. Unterstreiche in den folgenden Argumentationsketten jeweils die Behauptung mit einem roten Stift, das Argument mit einem blauen Stift und den Beweis oder das Beispiel mit einem grünen Stift.

- Ich finde, dass jeder Mann heutzutage einen Bügelkurs besuchen sollte, da diese Fähigkeit beim Führen eines Haushaltes hilfreich sein kann.
- Viele Leute meinen, dass Frauen schlechtere Autofahrer seien als Männer. Sie würden sich nämlich oft im Spiegel schminken und könnten so nicht auf den Verkehr achten. Gestern habe ich selbst eine Autofahrerin beobachtet, die während des Fahrens ihren Lippenstift aufgetragen hat.
- Dass Frauen schlechtere Autofahrer seien als Männer, stimmt einfach nicht, denn gerade Autofahrerinnen sind wesentlich weniger in Unfälle verwickelt als ihre männlichen Kollegen. Dies beweist die Unfallstatistik von Automobilclubs, außerdem bekommen Frauen bei Kfz-Versicherungen einen Rabatt und müssen weniger bezahlen als Männer.

2. Schreibe mithilfe der Satzteile im Speicher mindestens drei vollständige Argumentationsketten zu den folgenden Behauptungen/Meinungen.

- Viele fordern, dass jeden Tag eine Stunde Sport im Stundenplan stehen sollte …
- Man sollte Alkohol und Zigaretten erheblich verteuern …
- Viele fordern, dass auf den Zeugnissen wieder Noten für das Betragen stehen sollten …

weil die Wirtschaft beklagt, dass die Schulabgänger nicht mehr über Tugenden wie Pünktlichkeit, Höflichkeit und Zuverlässigkeit verfügen • da die Schüler in ihrer Freizeit zu wenig Bewegung haben • da dann viele Menschen aufhören zu rauchen und zu trinken • so werden sie weniger oft krank und das senkt die Kosten im Gesundheitswesen erheblich • das ist in den meisten europäischen Nachbarländern mit großem Erfolg seit Jahren erprobt • der Schulalltag verläuft konfliktfreier, wenn den Schülern diese Tugenden bewusst gemacht werden • es ist wissenschaftlich erwiesen, dass Bewegung die Gehirntätigkeit anregt und so den Schülern beim Lernen hilft

Argumentieren

3. a) Entscheide, ob die folgenden Argumente gut (+) oder schlecht (–) sind. Kennzeichne sie entsprechend.

Schüler sollen ihre Schuhe putzen, …

- weil sie eh so wenig arbeiten. (   )
- weil das für ihre spätere Berufstätigkeit sinnvoll ist. (   )
- weil sie so umweltbewusstes Verhalten lernen. (   )
- weil das die einzige Möglichkeit für sie ist zu lernen, mit Lappen und Besen umzugehen. (   )
- weil das die Lehrer freut. (   )

- weil sie sonst in ihrem eigenen Müll versinken. ( )

- weil sie ihre Schule selbst putzen sollen. ( )

- weil die Putzfrauen dadurch entlastet werden. ( )

- weil das so in der Schulordnung steht. ( )

- weil sie dann nicht so gedankenlos mit ihrem Müll umgehen. ( )

b) Wähle aus dem Speicher jeweils die passenden Begründungen für deine Entscheidung und schreibe sie auf die Linien darunter.

kein Argument • unsinnig • unwichtig für das Thema • gutes Argument • stellt einen weiterführenden Zusammenhang her • keine Begründung • Wiederholung

c) Schreibe einen zusammenfassenden Text mit den Argumenten, die du für gut befunden hast. Verwende verschiedene Konjunktionen und finde jeweils ein Beispiel oder einen Beweis, um die Argumente zu stützen.

Streitgespräch – Argument und Erwiderung

→ SB Seite 14 – 17

Disziplin – von gestern?

Heutige Schüler haben keine Disziplin, denn sie verstoßen gegen Regeln, wenn sie andere nicht ausreden lassen.

Dass heutige Schüler keine Disziplin haben, zeigt sich darin, dass sie Vereinbarungen nicht einhalten, wenn sie den Deutschunterricht stören.

Die Schüler heute haben Disziplin, weil sie sich an Regeln halten, die sie selber aufgestellt haben wie zum Beispiel Gesprächsregeln.

Da die Schüler von heute lernen wollen, hören sie diszipliniert zu, wenn im Deutschunterricht neue Inhalte vermittelt werden.

Wenn sie es vorher gelernt haben, organisieren die heutigen Schüler selbständig schulische Abläufe wie Schulfeste, das ist ein Zeichen von Disziplin.

Da sie ihre Mitschüler nicht ruhig arbeiten lassen, haben die Schüler von heute keine Disziplin, das zeigt sich auch an den schlechten Arbeitsergebnissen.

1. a) Unterstreiche in den Sprechblasen die Behauptung jeweils mit einem roten Stift, das Argument mit einem grünen Stift und das Beispiel mit einem blauen Stift.

b) Schreibe die Aussagen geordnet nach Behauptung, Argument und Beispiel jeweils auf die richtige Seite. Eventuell musst du den Satzbau verändern.

	Pro	Contra
Beh.:		
Arg.:		
Bsp.:		
Beh.:		
Arg.:		
Bsp.:		
Beh.:		
Arg.:		
Bsp.:		

2. a) Setze jeweils eine passende Konjunktion vor jedes Argument und verbinde die Argumente mit der dazugehörigen Behauptung.

Früher herrschte an den Schulen Disziplin,	**Heute gibt es an den Schulen keine Disziplin.**

D ______ die Schüler den Lehrpersonen nicht mehr gehorchen.

3 ______ die Bestrafung mit dem Rohrstock zum Schulalltag gehörte.

B ______ alle rennen durcheinander, wenn es schellt.

4 ______ die Kinder und Jugendlichen die Lehrer respektierten.

1 ______ das Aufstellen vor Unterrichtsbeginn auf dem Schulhof war üblich.

2 ______ im Unterricht der Gehorsam das Wichtigste war.

A ______ die Schüler nicht mehr bestraft werden können.

C ______ die Lehrer nicht mehr als Respektspersonen angesehen werden.

b) Ordne jedem Argument das passende Gegenargument zu.

1 ______ 2 ______ 3 ______ 4 ______

Schuluniformen – ja klar

Gestern war es soweit! Nach endlosen unsinnigen Diskussionen haben wir, die Schüler der Klasse 7c, uns endlich entschieden, dass wir ab jetzt mehrere Wochen lang alle gleich aussehen wollen. Das stelle man sich mal vor. Markenklamotten sind jetzt out, wir ziehen freiwillig ganz normale blaue Jeans und dunkelblaue Sweatshirts an. Damit das nicht so langweilig aussieht, haben wir das Logo unserer Schule darauf drucken lassen. War zwar teuer, sieht aber ganz cool aus. Bis es soweit war, gab es richtig Theater in der Klasse. Aus dem Englischunterricht wussten wir, dass es in England üblich ist, in Schuluniformen herumzulaufen. Einer Meinung waren wir da wirklich nicht. Manche hatten Angst, dass sie sich blamieren, wenn sie jeden Tag in den gleichen Klamotten herumlaufen. Die haben vielleicht Sorgen! Andere sagten, dass man mit einer Schuluniform erreichen könne, dass man nicht schon durch die Klamotten positiv oder negativ auffällt. Meine Meinung ist, dass ich es immer schon blöd fand, dass Kinder reicher Eltern ständig neue Markenklamotten tragen. Das erzeugt doch bloß Neid bei denen, die nicht so viel Geld haben. Das sieht man in unserer Klasse besonders bei Kathi. Außerdem können wir, wenn wir alle die gleichen Klamotten tragen, nach außen zeigen, dass wir zusammen gehören. Nur einige Mädchen fanden es ziemlich schlimm, dass sie jetzt keine Miniröcke tragen können. Na ja, eigentlich ist es auch wirklich schade … Jetzt kommt es manchmal zu komischen Reaktionen von Leuten, die uns anstarren. Manche denken, dass wir zu einer Sekte gehören oder zumindest alle dem gleichen Verein angeschlossen sind. Die sollten auch mal darüber nachdenken, ob Schuluniformen sinnvoll sind.

3. Lies den Text. Unterstreiche die Stellen, an denen erkennbar ist, welche Meinung der Verfasser/die Verfasserin zu Schuluniformen hat, mit einem roten Stift.

4. Markiere die Äußerungen, die nicht sachlich sind.

5. Im Text sind sowohl Gründe für das Tragen von Schuluniformen als auch Gründe dagegen angeführt.
   a) Unterstreiche die Gründe dafür mit einem blauen, die Gründe dagegen mit einem grünen Stift.
   b) Formuliere die Gründe mithilfe von Konjunktionen in Argumente um und trage sie geordnet in die nachstehende Tabelle ein. Ergänze jeweils weitere Argumente.

Schuluniformen sind sinnvoll, …	**Schuluniformen sind nicht sinnvoll, …**
weil	*da*

6. Sicherlich hast du eine eigene Meinung zum Thema. Legen einen Stichwortzettel an, der dir helfen könnte, deinen Standpunkt in einer Diskussion zu vertreten.

Stichwortzettel

Behauptung:

Einleitung:
- Worum geht es?
- Bedeutung des Themas
- verschiedene Stellungnahmen zum Thema
- deine eigene Meinung

Hauptteil:
- Darstellen deines Standpunktes
- mit Beispielen gestützt

Schluss:
- Erläuterung, warum dein Standpunkt richtig ist
- Aufzeigen der Folgen, die entstehen, wenn deine Meinung berücksichtigt wird

7. a) Ergänze die Redebeiträge in dem folgenden Gespräch mit passenden Einleitungsfloskeln aus dem Speicher, die auf den jeweiligen Vorredner eingehen.
b) Formuliere das Thema, um das es hier geht.

Marco: Immer schreiben, lesen, rechnen. Ich finde das Hausaufgabenmachen manchmal nicht gut, denn wer in der Schule aufpasst, hat genug gelernt.

Andrea: ______________________________
Vokabeln muss ich öfter wiederholen, damit ich sie behalte.

Richard: ______________________________
trifft das auch für Mathematik zu. Selbst, wenn ich in der Schule die Aufgaben verstanden habe, rechne ich lieber noch einmal andere Aufgaben, die genauso sind.

Marco: ______________________________,
dass ich freiwillig zuhause das übe, was ich nicht so gut kann. Schließlich will ich ja gute Klassenarbeiten schreiben.

Susanne: ______________________________,
ich oft lieber spielen möchte oder mich ausruhen. Dann vergesse ich, was ich üben muss, ich brauche Druck um richtig zu üben.

Yvonne: ______________________________,
es ist auch besser, wenn die Lehrer uns Hausaufgaben aufgeben, weil sie schon überlegt haben, welche Aufgaben sich zum Wiederholen eignen.

Marco: ______________________________
ist es auch wichtig, wenn wir selber merken, was wir gut können oder nicht. Schließlich verstehe ich andere Sachen besser als du. Oder ich mache bei der Rechtschreibung andere Fehler als du.

Peter: ______________________________
es teilweise stimmt. Ich glaube, es kommt auf das Fach an und darauf, wie alt die Schüler sind. In der 5. Klasse hätte ich gar nicht gewusst, was ich üben muss. Und in meinen Spitzenfächern fällt es mir leichter als in Fächern, in denen ich nicht so gut bin.

Marco: ______________________________
ich denke, dass es auch auf den Lehrer ankommt und darauf, wie gut er seine Klassen kennt. Eigentlich müsste jeder Schüler andere Hausaufgaben aufbekommen, weil jeder anders lernt. Vielleicht sind die Hausaufgaben am besten, die nur der Wiederholung dienen.

So kann man das sehen, aber • Da stimme ich dir nur teilweise zu, denn • Ich bin aber der Meinung, • Andererseits • Das sehe ich genauso, außerdem • Du hast völlig Recht • Da möchte ich dir widersprechen, weil • Meine Meinung zu deinem Argument ist, dass

Thema: ______________________________

Schriftlich begründet Stellung nehmen

Anwohnerprotest gegen Einschränkungen

■ **gri- Seppenrade.** Es waren meist junge Familien, die sich vor fünf Jahren in dem Wohngebiet An den Kämpen II ihren Traum von den eigenen vier Wänden erfüllten. Zu der neuen Siedlung im Seppenrader Südwesten zählt ein **Kinderspielplatz**, bei dessen Anlage die Anwohner seinerzeit kräftig mit angepackt haben, um dort in Abstimmung mit der Stadtverwaltung ihre Vorstellungen verwirklichen zu können. Es sollte ein Treffpunkt für das gesamte Wohngebiet werden. Ein Ort, an dem sich Jung und Alt begegnen. Ein aus den Anwohnern gebildetes Spielplatzteam kümmert sich seitdem um die Pflege der Anlagen sowie das einträchtige Miteinander der Benutzer. Fünf Jahre funktionierte dieses Modell, in dem es nur ungeschriebene Regeln gab. Nachdem sich ein neu zugezogener Nachbar jedoch über den vor allem von jungen Streetbasketballern verursachten Lärm beschwert und die Stadtverwaltung mit der Aufstellung von Hinweisschildern, die die Nutzung des Areals reglementieren, reagiert hat, ist es mit der Eintracht vorbei. Mit Unterstützung ihrer Eltern haben Jungendliche in der Nachbarschaft Unterschriften gesammelt, die sie morgen in der Verwaltung abgeben werden. Ihr Ziel: die Wiederherstellung der alten Regeln.

Aber was waren die alten Regeln? Sie waren vor allem selbst gemacht, wie Jutta Höring vom Spielplatzteam und Irene Schulze Kalthoff erläuterten. Und das hing mit der vielfältigen Nutzung zusammen. Für die Kleinen gibt es den üblichen Sandspielbereich, zudem Schaukeln, Rutschen und Kletteranlagen. Für die Jugendlichen der Nachbarschaft wurde ein befestigtes Basketballfeld angelegt. Die Erwachsenen trafen sich nebenan zum gemeinsamen Boulespiel. Wir wollten halt alle Altersgruppen ansprechen, ergänzt Nachbar Friedrich Schröer.

Seit der Anwohnerbeschwerde, die auch im Gespräch mit dem Spielplatzteam nicht abgewendet werden konnte, ist es auf dem Spielplatz deutlich stiller geworden, wie Irene Schulze Kalthoff beobachtet hat: Manchmal ist es hier geradezu gespenstisch ruhig. Ursache sind die von der Verwaltung vor etwa fünf Wochen aufgestellten Hinweisschilder, die die Nutzungsmöglichkeiten deutlich einschränken. Danach dürfen nur noch Kinder bis einschließlich 13 Jahren auf den Spielplatz. Die Nutzungszeit wurde auf 7 bis 22 Uhr begrenzt. Für das Streetballfeld gelten schärfere Regeln: Mit dem Lederball darf nur von 9 bis 19 Uhr gespielt werden, an Sonn- und Feiertagen nicht.

Gerade die Jugendlichen können sich mit diesen Vorschriften nicht arrangieren. Sie wünschen sich, falls die Stadt in Seppenrade keinen Ausweichplatz anbieten kann, eine Ausdehnung der Nutzungsmöglichkeiten auf Sonn- und Feiertage sowie bis in den frühen Abend hinein. Die Rede ist von 21 bis 22 Uhr. Schließlich haben die Schüler, die innerhalb der Woche zunächst mit Hausaufgaben und anderen Dingen beschäftigt sind, genau dann die meiste Zeit. Zudem wünschen sie sich eine Aufhebung der Altersbeschränkung. Der 13-jährige Elias Schulze Kalthoff und seine Basketball-Freunde haben zur Unterstützung ihres Anliegens in den vergangenen Wochen in der Nachbarschaft Unterschriften gesammelt. 76 sind zusammengekommen.

Die Stadtverwaltung, die in einem ähnlichen Fall in Lüdinghausen gezwungen war, die Basketballkörbe zu entfernen, will versuchen, eine gütliche Einigung herbeizuführen.

Unser Vorschlag wird es sein zu vermitteln und einen Kompromiss zwischen den beiden Seiten zu finden, kündigte Bauamtsleiter Heinz-Jürgen Bertels gestern gegenüber den WN an.

Dienstag, 20. Juli 2004 / Westfälische Nachrichten (Lüdinghausen)

1. Lies den Text und formuliere das Thema, um das es geht.

2. Versetze dich in die Lage eines Anwohners, der den Spielplatz mit aufgebaut hat („alter" Anwohner), in die Lage eines neuen Anwohners und in die der Stadtverwaltung. Trage in die Tabelle mithilfe des Textes die jeweils passenden Argumente ein.

„alter" Anwohner	neuer Anwohner	Stadtverwaltung

3. Unterscheide, welche Aussagen sachlich, welche unsachlich sind. Streiche die unsachlichen Aussagen durch.

- Alle Jugendlichen machen Lärm, deshalb sollen sie nicht draußen spielen.
- Nach zwanzig Uhr sollte der Lärmpegel aus Rücksicht auf Nachbarn sehr niedrig sein.
- Streetball ist so ein neumodischer Sport.
- Streetball hilft Aggressionen abzubauen und schafft Kontakt unter den Jugendlichen.
- Freizeitsport beugt Kriminalität und Drogenkonsum vor.
- Jugendliche sollten lieber Hausaufgaben machen, statt sich auf der Straße herumzutreiben.
- Alle alten Leute regen sich über Jugendliche auf.
- Verständnis zwischen den Generationen ist immer sinnvoll und nur durch Kommunikation zu erreichen.
- Immer leben sich Jugendliche auf Kosten kleinerer Kinder aus.
- Jugendliche können eine Vorbildfunktion für Kinder übernehmen.

4. Wähle zwei konträre Parteien aus. Formuliere aus ihrer Sicht den jeweiligen Standpunkt zum Thema. Gehe dabei in folgenden Schritten vor:

- Formuliere zunächst die Meinung. Verwende Redewendungen wie *Meiner Meinung nach …, Für mich gilt …, Ich meine, finde, bin der Überzeugung, vertrete die Ansicht …*
- Sammle auf einem Stichwortzettel möglichst viele Argumente, die die jeweilige Meinung stützen können.
- Wähle die Argumente aus, die deiner Meinung nach besonders überzeugend sind.
  Begründe mit ihnen die Meinung. Benutze dazu die folgenden Wörter:

denn • weil • trotzdem • nämlich • allerdings • aber • vor allem • freilich • vielfach • natürlich • nicht • nun zuletzt • aber auch • besonders • immer wieder • anderseits • außerdem …

- Finde Beispiele oder Beweise, die deine Argumente stützen.
- Formuliere jetzt komplett die beiden Standpunkte.

Standpunkt 1

Standpunkt 2

5. Verfasse in deinem Heft aus der Sicht eines Jugendlichen einen Brief an die Verwaltung mit Argumenten für die ausgeweitete Nutzung des Spielplatzes nach den alten Regeln bzw. für ein anderes Streetballfeld. Gehe, wenn möglich, auch auf Argumente deiner Gegner ein und widerlege sie.

6. Überprüfe zum Schluss deinen Text:

- Unterstreiche die jeweilige **Behauptung** rot, die **Argumente** blau und die **Beweise oder Beispiele** schwarz.
- Beurteile dann, ob
  - die Meinung eindeutig formuliert ist,
  - die Meinungsäußerung von der Begründung zu unterscheiden ist,
  - genügend Gründe angeführt sind,
  - diese stichhaltig oder sogar abwegig und unpassend sind,
  - ähnliche oder doppelte Argumente vorkommen,
  - du deine Argumente mit Beispielen oder Beweisen belegt hast.

Korrigiere, wenn nötig.

Einen Zeitungsbericht auswerten

Im Schlafzimmer Auge in Auge mit dem Bär

■ **(dpa)** Greg Moran beugte sich zum Ölnachfüllen über die Motorhaube seines Autos, als er ein Geräusch hörte. Bevor er sich umdrehen konnte, biss ihn ein Bär in den Allerwertesten. Sue Griffith wurde nachts in einer Blockhütte von knarrenden Dielen geweckt. Der Einbrecher entpuppte sich als ein großer Meister Petz, der sich in der Küche über den Kühlschrank hergemacht und einen Karton mit Schokoladeneis aufgefuttert hatte. Die Camper Ginny und Tim Hutton fanden eines Morgens ihr funkelnagelneues Auto völlig demoliert vor. Die Fenster waren zersplittert, die Türen verbeult und die Rücksitze zerfleddert. Eine Kühlbox mit Lebensmitteln im Kofferraum wies nur noch schmierige Verpackungsfetzen auf.

Das sind nur drei Beispiele unter vielen aus der kalifornischen Sierra Nevada, einer Bergregion, die wegen ihrer landschaftlichen Schönheit alljährlich viele Millionen Besucher anzieht. Die Folge des wachsenden Stroms: Immer häufiger kommt es zu unerfreulichen Erlebnissen mit Schwarzbären, die den Touristen auf den Pelz rücken. Oder umgekehrt. Nach Schätzungen der kalifornischen Regierung leben im US-Westküstenstaat rund 20 000 dieser Tatzentiere. Ihr natürliches Habitat[1] umfasst eine Gesamtfläche von rund 18 Millionen Hektar Land, und auf diesem Gebiet tummeln sich über 12 Millionen Wanderer, Camper, Hobbyfischer oder auch Einwohner.

Die Schwarzbären gelten allgemein als friedfertig, auch wenn sie aufgerichtet eine Höhe von fast zwei Metern erreichen und damit ganz schön Furcht erregend aussehen können. Meistens suchen sie bei direkten Begegnungen mit Zweibeinern das Weite. Nur selten kommt es zu Attacken mit Verletzungen, und noch nie wurde in Kalifornien ein tödlicher Zwischenfall registriert. Aber immer häufiger machen sich die Bären über Autos her – auf der Suche nach Fressen. [...]

Normalerweise ernähren sich die Bären von kleineren Tieren, Insekten, Grünpflanzen und Beeren. Aber wenn sie häufiger Zugang zu Lebensmitteln von Menschen haben, kommen sie schnell auf den Geschmack. Sie werden auf der Suche nach ihrem Lieblingsfressen immer kühner und bringen ihre Tricks auch dem Nachwuchs bei. Sogar der süße Duft einer Körperlotion kann die Bären anlocken.

Parkranger und andere Experten stimmen unterdessen darin überein: Schuld sind nicht die Tiere, sondern meistens die Menschen. Es mache ihn zornig, dass viele Besucher ihr Essen achtlos im Auto liegen oder Reste auf den Erdboden fallen ließen, so Biologe Steve

Thompson in der „New York Times". Auch Bob Stafford vom kalifornischen Department of Fish and Game meint, dass die Menschen die Koexistenz[2] mit den Bären lernen müssten. Die Tiere dürften niemals Bekanntschaft mit Lebensmitteln machen.

Inzwischen können Parkbesucher, die Essen über Nacht in ihren Autos lassen, strafrechtlich verfolgt werden. Camper müssen ihre Nahrung in Metallkästen verstauen, die auf allen Plätzen zu finden sind. Erst kürzlich wurden die Boxen mit neuen Schlössern versehen, nachdem Bären den vorherigen Mechanismus „ausgetüftelt" hatten.

Sorgloses Verhalten von Touristen macht die Wildschützer auch deshalb besonders wütend, weil manche Tiere den Leichtsinn mit dem Leben bezahlen müssen. Wenn lebensmittelsüchtige Bären zu aggressiv werden, bleibt keine andere Wahl, als sie zu erlegen. So wurden im November eine Bärenmutter und zwei ihrer Sprösslinge getötet, nachdem sie in über 40 Autos eingebrochen waren. [...]

Zum Leidwesen der Parkbehörden gibt es immer noch Touristen, die Essen sogar absichtlich herumliegen lassen, um die vermeintlich „knuffigen" Bären anzulocken und sie fürs Fotoalbum zu knipsen. Steve Williams aus Mount Shasta fand es indessen gar nicht „niedlich", als er mitten in der Nacht in seinem Schlafzimmer Nase an Nase mit einem Bären stand: „Ich hatte beinahe eine Herzattacke."

[1] Habitat: *Wohngebiet einer Tierart* [2] Koexistenz: *Nebeneinander*

Mannheimer Morgen, 6.2.2002

1. Fasse jeden Abschnitt des Textes mit einem Satz zusammen.

1. ____

____

____

2. ____

____

____

3. ____

____

____

4. ____

____

____

5. ____

____

____

6. ____

____

____

7. ____

____

____

8. ____

____

____

2. Erstelle einen Schreibplan für einen kurzen Bericht, indem du die W-Fragen formulierst und stichpunktartig Antworten auf die Fragen gibst.

Wo? ____

Wann? ____

Wer? ____

Was? ____

Wie? ____

3. a) Unterstreiche alle Informationen, die du im Text über Schwarzbären findest.
b) Erstelle mithilfe der Oberbegriffe im Speicher und der Zusatzinformationen eine Übersicht über Schwarzbären und ordne die unterstrichenen Informationen zu.

Nahrung • Höhe • Gewicht • Vorkommen • Verhalten • Lautäußerungen • Fortpflanzung • Lebenserwartung

Zusatzinformationen
etwa 25 Jahre • brummende Laute • 120 bis 180 kg • in allen kanadischen Provinzen • Geschlechtsreife mit vier bis fünf Jahren • Männchen sind erheblich größer als Weibchen • Paarungszeit von Juni bis Mitte Juli • in 23 der amerikanischen Bundesstaaten • Wurfgröße normalerweise zwei bis drei Junge • besonders in Kalifornien, Washington, Oregon und Idaho • Trächtigkeitsdauer ca. 220 Tage

Der Schwarzbär

Sich einen Überblick verschaffen

R	A	A	U	S	T	R	A	L	I	E	N
O	C	A	E	I	N	D	I	E	N	C	U
A	H	F	I	B	H	E	J	H	Y	Z	K
R	A	R	S	H	E	U	E	Q	K	K	S
I	M	I	B	A	N	T	I	L	O	P	E
Z	E	K	Ä	R	I	S	Q	F	K	S	U
O	R	A	R	O	E	C	P	C	A	T	R
N	I	T	A	T	L	H	X	G	M	R	O
A	K	I	S	W	U	L	J	H	E	A	P
X	A	G	I	I	Q	A	Q	L	R	U	A
C	O	E	E	L	S	N	X	V	U	S	A
O	X	R	N	D	L	D	R	N	N	S	N

1. In diesem Suchrätsel sind senkrecht und waagrecht die Namen von Ländern, Kontinenten und Tieren (14 Wörter) versteckt. Markiere die Namen.

2. Ordne die Namen richtig in die Tabelle ein. Wenn du unsicher bist, schlage in einem Lexikon nach.

Kontinent					
Land					
Tier					

3. Lies den Text zügig durch und schreibe an alle Wörter, die dir unbekannt sind, ein Fragezeichen an den Rand. Markiere Textstellen, die du nicht verstehst, am Rand mit einem Ausrufezeichen.

Zu den berühmtesten Franzosen, die du kennst, gehören Asterix und Obelix und das Baguette. Frankreich hat aber noch viel mehr zu bieten. Es liegt in Westeuropa und ist eine parlamentarische Republik. Mit einer Größe von etwa 543 965 km^2 ist es ungefähr eineinhalb mal so groß wie Deutschland, obwohl es weniger Einwohnern hat, nämlich ca. 58,6 Mio. Daraus ergibt sich eine Bevölkerungsdichte von 108 Einwohnern je km^2.

Die Amtssprache ist Französisch. Religionszugehörigkeiten verteilen sich zu 81% auf Katholiken, 3 Mio. Einwohner sind Muslime. Weitere religiöse Minderheiten sind Protestanten, Juden, Russisch- und Griechisch-Orthodoxe.

Das Land hat gemeinsame Grenzen mit acht anderen Ländern, nämlich Deutschland, Luxemburg, Belgien, Spanien, Andorra, Monaco, Italien und der Schweiz. Die höchste Erhebung ist der Mont Blanc (4 807 m) und der längste Fluss ist die Loire (1 012 km).

Die Hauptstadt Paris gilt mit ihren romantischen Gässchen als die Stadt der Liebe. In der französischen Metropole liegen architektonische Kunstwerke verstreut an der Seine: Konstruktionen aus Metall und Glas. Wahrzeichen und zugleich auffälligstes Bauwerk von Paris: der Eiffelturm (320 Meter hoch, 7 300 Tonnen schwer – bestehend aus 18 000 Metallteilen und 2,5 Millionen Nieten). Seit Juni 2003 hat das Bauwerk einen neuen Anstrich.

Als Gustav Eiffel im Jahr 1887 das Fundament des Turmes setzte, gab es bereits einige architektonische Glanzleistungen aus Metall in der Stadt: Die Pariser Hallen wurden von Napoleon III in Auftrag gegeben – schnörkellos und in Anlehnung an „einfache Regenschirme" entstanden zehn Pavillons aus Glas und Metall. Nur einer davon hat die Abrisskampagne der 70er Jahre überlebt: In Nogent-sur-Marne steht das letzte Wunderwerk des berühmten Architekten Victor Baltard.

Unübersehbare Überbleibsel der Weltausstellung von 1900 sind die Glasdächer des Petit und Grand Palais an der Brücke Alexandre III. Die allegorischen Engelsfiguren leuchten in hellem Gold – der aufwändig geschmückte Brückenbogen war für die damalige Zeit ein technisches Meisterstück. Auch die Dachkonstruktion des Musée d'Orsay ist ein Meisterwerk aus Eisen und Glas. Der ehemalige Bahnhof wurde 1900 erbaut und beherbergt nunmehr eine eindrucksvolle Kunstausstellung: Malerei, Skulpturen und Architektur aus der zweiten Hälfte des 19. Jahrhunderts und Fotografie.

Pflanzen, Metall und Glas – eine beliebte Kombination: In Paris entstanden im 19. Jahrhundert viele schöne Gewächshäuser. Die luftigen Konstruktionen des Jardin des Plantes wurden 1833 erbaut: Zwei glasgedeckte Metallstrukturen, die das Sonnenlicht von allen Seiten auf mannshohe Kakteen und riesige Bambusstauden scheinen lassen.

In den Gewächshäusern von Auteuil ziehen heute die Pariser Stadtgärtner die Pflanzen für die Parks und Grünzonen der Metropole heran. Orchideen, Rhododendren und Chrysanthemen: Im 15 Meter hohen Haupthaus gibt es das ganze Jahr über wechselnde Ausstellungen.

Geschäftstüchtigen Händlern sind die überdachten Einkaufsgalerien und Passagen zu verdanken: Die feinen Pariser Damen sollten beim Shoppen im Regen nicht von spritzenden Kutschen beschmutzt werden. Es entstanden geschützte Passagen, Galerien und weitläufige Kaufhäuser wie Vivienne, Véro-Dodat oder Colbert, Galerie Lafayette und Bon Marché. Unter Metall- und Glasdächern laden noch heute ausgefallene Boutiquen zum Kauf ein.

Die Währung, mit der in Frankreich bezahlt wird, ist der Euro. Das Klima zeichnet sich aus durch kühle Sommer und milde Winter, im Süden allerdings sind die Sommer eher heiß-trocken und die Winter feucht-mild (Winterregenklima). Typische Spezialitäten, die über die Landesgrenzen hinaus bekannt sind, sind z.B. der französische Wein und das „Mousse au Chocolat", ein besonders leckerer Schokoladenpudding.

Frankreich bietet viele Sportmöglichkeiten.

Um in Binnengewässern angeln zu dürfen, muss man eine gültige Angelkarte besitzen. Sie ist in allen Geschäften für Angelbedarf erhältlich. Verboten ist das Angeln in Naturparks und Reservaten.

Auch das Golfspielen ist sehr beliebt.

Zurzeit beträgt die Zahl der Plätze rund 300, davon sind etwa 70 öffentlich. Golfhotels gibt es in den schönsten Regionen und Ferienorten.

Alle Provinzen Frankreichs sind ideal für Ferien mit dem Fahrrad, ob man nun Tagestouren macht oder den ganzen Urlaub im Sattel unterwegs verbringt. Große Städte sind allerdings ebenso zu meiden wie stark befahrene Fernstraßen (Route Nationale). Gut geeignet sind die wenig befahrenen D-Straßen (Route Départementale). Bei manchen Bahnverbindungen, gekennzeichnet durch ein Fahrradsymbol, wird das Rad gratis mitbefördert.

In den für Reiterferien idealen Landschaften Bretagne, Auvergne, Cévennen, Périgord, Camargue und Gascogne gibt es zahlreiche Centres Equestres, wo man tage- und wochenweise Reitausflüge, mit Übernachtung in Etappenherbergen, buchen kann.

Ideal für einen Urlaub auf dem Wasser sind die zahlreichen Kanäle des Landes. Segeln und Bootfahren sind im Ärmelkanal, in der Bucht von Biskaya, an der Riviera und auf größeren Flüssen (Rhône und Saône) möglich.

Für Wintersportler stehen Vogesen, Jura, Massif Central, Alpen und Pyrenäen zur Wahl. Bereits dreimal fand in Frankreich die Winterolympiade statt: in Chamonix, Albertville und Grenoble. Davon profitiert weiterhin der Skiurlauber und -fan, ob familienfreundlich wie in Chamonix oder extrem wie in Alpe d'Huez mit ganzjährigem Gletscher. Mehr als 120 000 km markierte Wanderwege wurden bisher in allen Landesteilen geschaffen, u.a. die sogenannten GR, Grandes Randonnées, die mit rotweißen Zeichen markiert sind.

4. Gib dem Text, ohne noch einmal nachzulesen, eine Überschrift und schreibe sie auf die Linie über dem Text.

5. Kreuze (wieder ohne nachzulesen) die drei Themen an, die deiner Meinung nach im Text die wichtigste Rolle spielen.

- ☐ Steckbriefinformationen zu Frankreich
- ☐ Die Hauptstadt Paris
- ☐ Paris und seine Architektur
- ☐ Sport und Freizeit in Paris
- ☐ Kunst und Kultur
- ☐ Klima
- ☐ Die Olympischen Spiele
- ☐ Die Welt der Gallier
- ☐ Essen wie Gott in Frankreich

6. Lies den Text ein zweites Mal. Markiere dabei zu den drei angekreuzten Themen Schlüsselwörter mit verschiedenen Farben. Überprüfe auch, ob deine Themen die wichtigsten sind. Korrigiere, wenn nötig.

Informationen in einem anderen Zusammenhang verwenden

1. Trage mithilfe der Informationen aus dem Text und eines Atlasses alle geografischen Begriffe in die Karte ein.

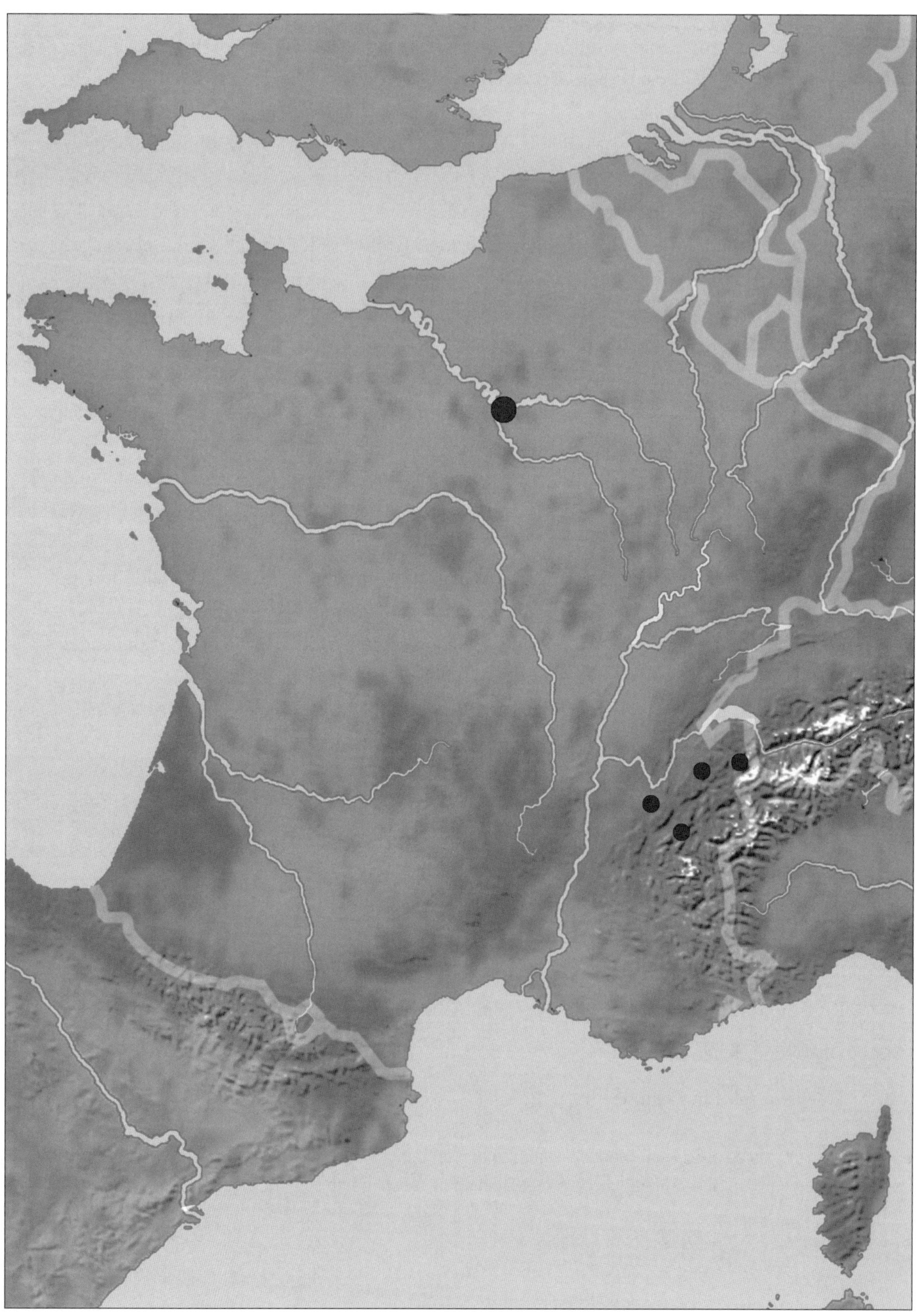

2. Schreibe alle Informationen aus dem Text heraus, die Frankreich für dich und Gleichaltrige als Reiseland interessant machen.

3. Suche im Internet, in Schulbüchern, Reiseprospekten weitere Informationen.
Verwende sie zusammen mit deinen Ergebnissen aus Aufgabe 2 um einen Werbetext für Frankreich zu schreiben.

Wichtiges von Unwichtigem unterscheiden lernen

→ SB Seite 62, 66 – 67

Stelle dir vor, eine gute Freundin wäre im Walt-Disney-Film „Mulan" gewesen und ruft dich am nächsten Tag an, um dir davon zu erzählen. Der Film hat ihr gut gefallen und sie erzählt dir den Inhalt.

Der Film war wirklich super. So eine Mischung aus Liebes- und spannendem Abenteuerfilm. Es geht darin um ein chinesisches Mädchen, das für ihren Vater in den Krieg zieht, obwohl sie doch eigentlich verheiratet werden sollte. Die Hunnen sind nämlich in China eingefallen und der chinesische Kaiser befiehlt daraufhin, aus jeder Familie einen Kämpfer zur Verteidigung einzuziehen. Mulans Vater ist aber krank und deshalb verkleidet sie sich als Mann und reitet auf dem Pferd und mit dem Schwert des Vaters weg, in die Kriegsschule. Dort versucht sie dann zu lernen, wie man sich als Krieger benimmt. Anfangs hat sie als Mädchen natürlich keine Chance, aber dann lernt sie es nach und nach. Sie wird immer stärker und lernt, mit Waffen umzugehen. Ach ja, und dann ist da noch die Geschichte vom Drachen Muschu. Über die lacht man am meisten. Als Mulan nämlich von zu Hause wegreitet, wollen die Ahnen der Familie sie zurückholen, damit der Familie keine Schande geschieht und Mulan nicht als Frau entlarvt und getötet wird. Die Ahnen bestimmen für diesen Dienst den Geist des großen steinernen Drachen. Der kleine freche Drache Muschu soll den steinernen Drachen wecken und dröhnt mit seinem Gong so laut, dass der Drache in tausend Steinbrocken zerspringt. Um nicht bestraft zu werden, folgt er Mulan selbst und richtet – zusammen mit einer kleinen Glücksgrille – schon in der Kriegsschule allerhand Unsinn an. Er ist nämlich gar nicht stark und spielt sich mächtig auf. Manchmal benimmt sich Muschu wirklich wie ein Idiot und das kann richtig gefährlich werden. Zum Beispiel setzt er sich im Krieg auf einen Kanonenwagen und speit Feuer. Klar, dass so sofort eine Kanone gezündet wird. Das einzige Mal, wo Muschu richtig hilfreich ist, ist bei der Befreiung des Kaisers. Aber so weit war ich, glaube ich, noch gar nicht. Also zurück zur Kriegsschule. Dort dient Mulan unter dem Hauptmann Li Chang und zieht unter ihm als Soldat gegen die Hunnen. Jetzt wird's richtig spannend. Das Heer der Hunnen ist nämlich eigentlich dem chinesischen Heer weit überlegen und weil Muschu die Kanone zündet, wissen die Hunnen sofort, wo das chinesische Heer lagert. Aber Mulan sprengt mit einer Kanone eine Lawine vom Berg, so dass alle Hunnen unter dem Schnee begraben werden. Mulan rettet dem Hauptmann das Leben und wird bei dieser Aktion gegen die Hunnen selbst verletzt. Beim Verarzten kommt raus, dass sie eine Frau ist. Weil sie ihm auf dem Schlachtfeld das Leben gerettet hat, verschont der Hauptmann ihr Leben, lässt sie aber alleine zurück und zieht mit dem Heer weiter. Eigentlich war das ein Glück, denn Mulan entdeckt, dass einige Hunnen überlebt haben und weiter Richtung Hauptstadt ziehen. Sie will den Hauptmann warnen, aber er ist so blöd und hört nicht auf sie – typisch Männer, oder? Der Hunnenführer dringt in den chinesischen Palast ein und hält den Kaiser dort gefangen. Mulan hat eine wirklich gute Idee und verkleidet einige Krieger der Truppe des Hauptmanns als Frauen. Als Frauen können sie sich den Hunnen nähern und als sie sich als Krieger entpuppen, siegen sie über die Hunnen. Mulan befreit den Kaiser und kehrt mit Schwert und Siegel des Kaisers zu ihrer Familie zurück. Klar dass sich Mulan und der Hauptmann längst ineinander verliebt haben. Deshalb folgt Li Chang seiner Mulan und die beiden werden ein Paar. Du solltest diesen Film wirklich auf keinen Fall versäumen.

1. Suche alle Formulierungen aus dem Text heraus, die in einer Textzusammenfassung nicht vorkommen dürften, und streiche sie durch. Orientiere dich am Beispiel auf Seite 66 des Sprachbuches.

d) Obwohl Walter als Reklameträger gute Arbeit leistet, reden die Bekannten schlecht über ihn.
e) Während der Ich-Erzähler Walter tröstet, läuft Frieda nach Hause, um den Bärenkopf abzuschneiden.
f) Als die Vermieterin vom Kinobesuch nach Hause kommt, hört die Familie entsetztes Schreien.

Seite 40

1.
Als (Konjunktion) **ich** (Personalpronomen) **endlich** (Adverb) **nach** (Präposition) **Hause** (Substantiv) **kam** (Verb), **schlief** (Verb) **Jan** (Substantiv) **immer** (Adverb) **noch** (Adverb). **Und** (Konjunktion) **das** (bestimmter Artikel) **Allerschlimmste** (Substantiv): **Meine** (Possessivpronomen) **Schwester** (Substantiv) **wachte** (Verb) **neben** (Präposition) **seinem** (Possessivpronomen) **Bett** (Substantiv). **Mit** (Präposition) **kummervollem** (Adjektiv) **Blick** (Substantiv) **betrachtete** (Verb) **sie** (Personalpronomen) **das** (bestimmter Artikel) **Gesicht** (Substantiv) **unter** (Präposition) **der** (bestimmter Artikel) **märchenhaften** (Adjektiv) **Mähne** (Substantiv) **und** (Konjunktion) **zischte** (Verb), **ich** (Personalpronomen) **solle** (Verb) **leise** (Adjektiv) **sein** (Verb). **Dann** (Adverb) **wollte** (Verb) **sie** (Personalpronomen) **wissen** (Verb), **wer** (Interrogativpronomen) **Jan** (Substantiv) **so** (Adverb) **zugerichtet** (Partizip II) **habe** (Verb). **Das** (Demonstrativpronomen) **konnte** (Verb) **ich** (Personalpronomen) **ihr** (Personalpronomen) **nicht** (Adverb) **sagen** (Verb).

Seite 41

2.
Personalpronomen – persönliches Fürwort:
ich, wir, uns, auch: *mich*

Possessivpronomen – besitzanzeigendes Fürwort:
euer, unsere, meiner

Demonstrativpronomen – hinweisendes Fürwort:
dieser, jener, das (da)

Reflexivpronomen – rückbezügliches Fürwort:
sich, auch: *mich*

Relativpronomen – bezügliches Fürwort:
auch: *welcher, was, wer und welchen*

Interrogativpronomen – Fragefürwort:
welcher, was, wer, welchen

Indefinitpronomen – unbestimmtes Fürwort:
irgendwas, man, jemanden

3.

Positiv –	**Komparativ** –	**Superlativ**
schlimm	schlimmer	am schlimmsten
neugierig	neugieriger	am neugierigsten
schwarz	–	–
märchenhaft	märchenhafter	am märchenhaftesten
leise	leiser	am leisesten

4.
wenn: leitet einen Nebensatz ein → unterordnende (subordinierende) Konjunktion

dass (2x): leiten Nebensätze ein → unterordnende (subordinierende) Konjunktion

aber: leitet einen Hauptsatz ein → beiordnende (koordinierende) Konjunktion

weitere subordiniernde Konjunktionen:
als, weil, obwohl, während, nachdem, sodass, seitdem, bis …

weitere koordinierende Konjunktionen:
denn, trotzdem, und, oder, sowie …

Seite 42

5.
leichter Schlaf:
- dösen
- ein Nickerchen machen
- ein Schläfchen machen
- ruhen

Schlafphasen:
- einschlafen
- einnicken
- sich zur Ruhe begeben
- sich hinlegen
- sich niederlegen
- aufwachen
- wach werden

Umgangssprachliche Ausdrücke:
- pennen
- ratzen
- pofen

6.

in:
↗ Ich liege im Bett.
↘ Ich lege mich in das Bett.

an:
↗ Die Uhr hängt an der Wand.
↘ Ich hänge die Uhr an die Wand.

über:
↗ Der Mistelzweig hängt über der Tür.
↘ Ich hänge den Mistelzweig über die Tür.

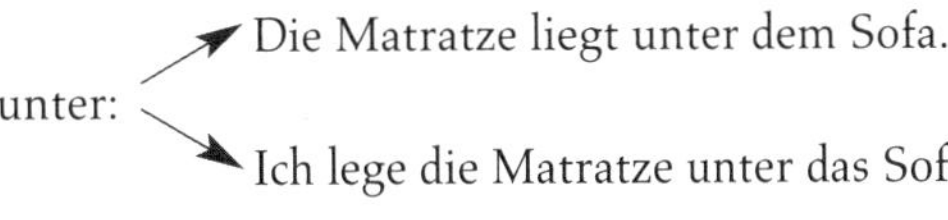
unter:
↗ Die Matratze liegt unter dem Sofa.
↘ Ich lege die Matratze unter das Sofa.

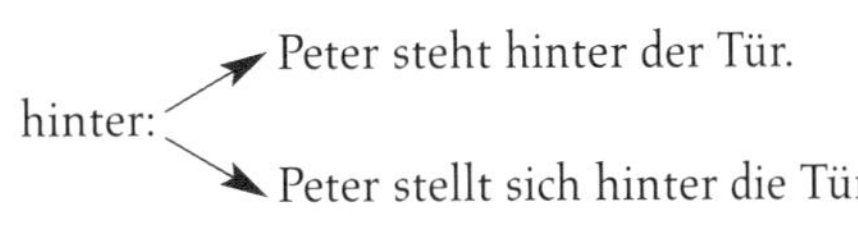
hinter:
↗ Peter steht hinter der Tür.
↘ Peter stellt sich hinter die Tür.

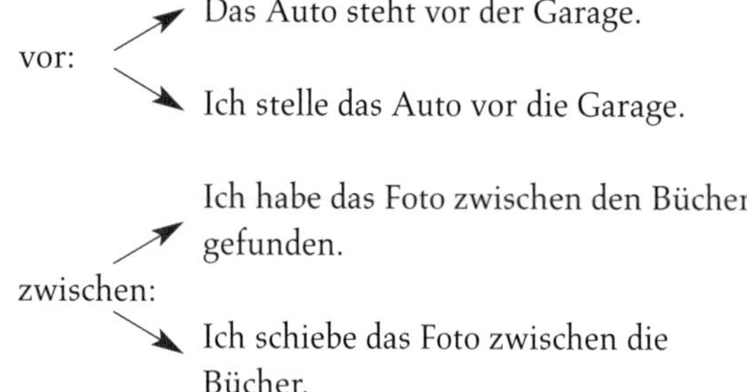

vor:
Das Auto steht vor der Garage.
Ich stelle das Auto vor die Garage.
zwischen:
Ich habe das Foto zwischen den Büchern gefunden.
Ich schiebe das Foto zwischen die Bücher.

Seite 43

1.
Satzfrage: Erinnerte mich meine geliebte Schwester daran?
Wortfrage (Präp.-Objekt): Woran erinnerte mich meine geliebte Schwester?

Satzfrage: Hat sie ein gleich großes Anrecht auf dieses Zimmer wie ich?
Wortfrage (Subjekt): Wer hat ein gleich großes Anrecht auf das Zimmer wie ich?

Satzfrage: Soll ich den Mund halten?
Wortfrage (Subjekt): Wer soll den Mund halten?

Satzfrage: Soll ich froh und dankbar sein?
Wortfrage (Subjekt): Wer soll froh und dankbar sein?

Satzfrage: Lässt sie mich in ihrem Zimmer wohnen?
Wortfrage (Lokaladverbiale): Wo lässt sie mich wohnen?

Satzfrage: Muss sie sich nicht mehr mit der Tatsache abfinden, ihr Zimmer zu teilen?
Wortfrage (Präp.-Objekt): Womit muss sie sich nicht mehr abfinden?

Seite 44

2.
Endlich war Jan fertig. Wir schwangen uns auf unsere Räder und fuhren im Bienenschwarm nach Liljeholmspan und wieder zurück. Als wir ankamen, hatten wir einen neuen schwedischen Weltrekord aufgestellt und atmeten sportlich zehn Liter Sauerstoff pro Sekunde. Alle keuchten bis auf Jan, der nur lässig lachte, winkte und in Richting Götgatan verschwand. Keiner hatte Zeit gefunden, ihm eine Frage zu stellen. Er verschwand ganz in seinem Stil, den wir nur allzu gut kannten. Auf seinem erstaunlichen Fahrrad fuhr er in seinen Tangerinohosen den Götgatan hinunter. Wir sollten ihn nicht mehr erreichen, da er so schnell wie der Wind fuhr.

3.
- Jan schlief und schlief.
  Damit ich auch schlafen konnte, faltete ich den Teppich zu einer Matratze zusammen.
  Ich legte die Matratze neben das Bett.
- Ich hörte, wie meine Eltern den Fall diskutierten.
  Bei dem Fall handelte es sich um eine Misshandlung.
  Man müsse wegen der Misshandlung die Polizei benachrichtigen.

Seite 45

1.
Auf dem Absatz zwischen Abschnitt eins und zwei, dem holprigen Absatz von zweihundertfünfzig Zentimetern Länge, (beide Kommas müssen stehen: eingeschobener Attributsatz) erkannten wir Jans Technik. Auf dieser kurzen Strecke beschleunigte er so stark, (das Komma muss stehen: „normaler“ Nebensatz) dass das Fahrrad nicht vornüber kippen konnte, (das Komma muss stehen: Nebensatz) als das Vorderrad über die nächste Kante schoss. So blieb das Fahrrad nicht, wie befürchtet, (Kommas können auch wegfallen: Partizipialkonstruktion) mit den Pedalen an den Stufen hängen. Jan ließ das Vorderrad in der Luft, (Komma muss stehen: Nebensatz) bis das Hinterrad an die Treppenkante gekommen. war. Dann musste er eine Vollbremsung mit der Handbremse fürs Hinterrad gemacht haben, (Komma muss stehen, koordinierter Hauptsatz mit *„denn“*) denn plötzlich kippte das Fahrrad nach unten, (Komma könnte auch wegfallen: koordinierter Hauptsatz mit *„und“* angeschlossen) und das Vorderrad knallte auf die Treppe. Da platzte, völlig unvorbereitet, (beide Kommas könnten wegfallen: eingeschobene Partizipialkonstruktion) der Vorderreifen mit einem scharfen Kanonenschlag. Jan hatte sich verrechnet! Wir sahen das Spiel schon als verloren an, (Komma muss stehen: koordinierter Hauptsatz nicht mit *„und“* eingeleitet.) doch er federte weiter.

2.
a) Jan versprach seinem Bruder, heute das Fahrrad zu kaufen. (unklar, wem das Fahrrad gehören soll; Versprechen an den Bruder, es zu kaufen)

b) Sabine versprach, jeden Tag weniger zu arbeiten. (Sabine will jeden Tag weniger arbeiten.)
Sabine versprach jeden Tag, weniger zu arbeiten. (Sabine sagt jeden Tag, sie wolle generell weniger arbeiten.)

c) Mein Vater riet den Nachbarn, den Vorfall zu melden. (Rat an die Nachbarn)
Mein Vater riet, den Nachbarn den Vorfall zu melden. (Rat an irgend jemanden, etwas an die Nachbarn zu melden.)

Seite 46

3.
An der Stelle, wo Swedensborgsgatan in Adolf-Fredriks-Torg mündete, pflegte die Bande ab und zu Station zu machen, um sich das Vergnügen zu gönnen (,) ein wenig wütend zu sein. In dieser Gegend wohnten nämlich die feinen Pinkel (,) und die sollten sich lieber woanders niederlassen, wo sie niemanden stören. Wenn daher der mächtige Mercedes-Benz-mit-eigenem-Chauffeur an den Rand des Gehweges heranglitt, begannen die Kommentare zu hageln (,) und sie hagelten weiter, während die feinen Pinkel einen kurzen Augenblick lang die Beine benützten (,) sich zur Haustür zu bewegen. Am allermeisten hagelte es natürlich auf den blassen Musterknaben in unserem eigenen Alter, der mit gesenktem Blick durch die Hagelschauer eilte. Die feinen Pinkel ergriffen keine Maßnahmen (,) um uns entfernen zu lassen(,) wir waren ein Phänomen, das ab und zu auftauchte, solange wir nicht zu Handgreiflichkeiten übergingen, nicht weiter beachtenswert (,) und das taten wir nie. Pecka, der immer noch ziemlich kindisch ist, klappte einmal ein paar Klingen aus seinem Taschenmesser heraus, um damit an irgendeinem erlesenen Automodell entlangzuspazieren, doch das verboten wir ihm einhellig.

4. a)
Unterschied: Mutter stellt eine Großmutter auf der Bühne dar. Diese schimpft und heult.
Mutter steht auf der Bühne. Gleichzeitig schimpft und heult die wirkliche Großmutter irgendwo anders.

4. b)
erster Satz: Hauptsatz mit drei koordinierten Prädikaten.
zweiter Satz: Hauptsatz und Nebensatz, wobei der Nebensatz auch wieder zwei koordinierte Prädikate aufweist.

Seite 47

1.
Mitten in der Nacht (nicht notwendiges temporales Adverbiale) **wachte** (Prädikat, 1. Teil) **ich** (Subjekt) **auf** (Prädikat, 2. Teil). **Jan** (Subjekt) **saß** (Prädikat) **im Bett** (notwendiges lokales Adverbiale), **er** (Subjekt) **sah** (Prädikat, Teil 1) **sich** (Prädikat, Teil 2) **verwirrt** (nicht notwendiges modales Adverbiale) **um** (Prädikat, Teil 3). **Es** (Subjekt) **wurde** (Prädikat, Teil 1) **hell** (Prädikat, Teil 2), **er** (Subjekt) **erkannte** (Prädikat) **mich und das Zimmer** (Akkusativ-Objekte). **Da** (temporales Adverbiale) **erkannte** (Prädikat) **er** (Subjekt), **was** (Subjekt) **los** (Prädikat, Teil 1) **war** (Prädikat, Teil 2). Er / fragte // wie / spät / es / sei // und begann / davon / zu faseln // dass er / nach Hause / müsse //, doch /da / wandte / ich / ein: „Bleib / bis zum Morgen //, das / sind / nur ein paar Stunden." „Ganz vernünftiger Gedanke,"/ meinte / Jan, aber er / müsse / jetzt / dringend / hinaus. Ich / begleitete / ihn. Vielleicht / war / er / wackelig / auf den Beinen //, brauchte / er / Gesellschaft. Seine Adidas / waren / verschwunden. Meine Mutter / musste / sie / versteckt haben. Sie / wollte / ihn / am Ausreißen / hindern. Ich / lieh / ihm / die Latschen meiner Schwester //, und dann / schlichen / wir / in den Hof / hinunter.

Seite 48

2.

Dass er wieder zurück ist, beruhigt mich.	Subjektsatz
Jan meint, dass gar nichts passiert sei.	Objektsatz
Ich frage mich, ob das Problem gelöst werden kann.	Objektsatz
Er hilft, wem er will.	Objektsatz
Ich warte darauf, dass er endlich redet.	Objektsatz
Ich will nicht, dass du mich belügst.	Objektsatz
Dass Peter gestohlen haben soll, erschreckt mich.	Subjektsatz
Wer häufig lacht, lebt gesünder.	Subjektsatz

3.

Ich warte, dass du antwortest.	Objektsatz
Es erschreckt mich, dass du abgesagt hast.	Subjektsatz
Ich wundere mich darüber, wie du vorgehst.	Objektsatz
Es ist fraglich geworden, ob wir befreundet sind.	Subjektsatz
Wer lügt, ist unglaubhaft.	Subjektsatz
Es ist mir völlig unverständlich, dass du noch überlegst.	Subjektsatz

Seite 49

1.
Dort (lokal) fragte ich **ganz vorsichtig** (modal), was ihm zugestoßen sei, aber Jan glitt mit einem „Was denn?" davon. Ihm sei eigentlich gar nichts passiert. Ach so, das Blaue, das Gestreifte, das Geschwollene. Das sei **vollkommen** (modal) normal. Er sei **draußen** (lokal) mit einem Alki zusammengestoßen. Das klang nicht sehr überzeugend, aber ich verkniff es mir **in diesem Augenblick** (temporal) zu sagen: Jan das haut nicht hin. Ich verkniff es mir **sicherlich** (modal), um ihm nicht **allzu deutlich** (modal) zu zeigen, wie sehr es mir weh tat, dass er **dauernd** (temporal) log. Wenn es **auf Götgatan** (lokal) hell gewesen wäre, hätte er es mir **deutlich** (modal) angesehen, aber **hier** (lokal) war

es dunkel, und zu hören bekam er es nicht. Er log, das war ganz klar. Um das Brennen **etwas** (modal) zu lindern, sagte ich mir, dass er für seine Lügen sicher ganz wichtige Gründe haben müsse.

2.

(1) so	(5) gut
(2) nachts	(6) genauso
(3) draußen	(7) niemals
(4) trotzdem	(8) drinnen

Seite 50

3.

Jan kam zurück, (1) **als** (temporal) ich plötzlich die Hände auf meinem Gesicht spürte. „Mensch, Krille, du flennst ja." Nicht einmal, (2) **wenn** (temporal) es nacht ist, hat man seine Ruhe, schrie ich, (3) **indem** (instrumental) ich seine Hände wegschleuderte.
(4) **Obwohl** (konzessiv) ich eigentlich etwas ganz anderes wollte. Jan murmelte etwas,
(5) **als** (temporal) wir wieder hinauf schlichen. Im Flur unterließ er es, sich umzudrehen,
(6) **damit** (final) er nicht mein Gesicht im Licht checken musste. Er wollte auf dem Boden pennen, (7) **weil** (kausal) er mir wieder mein gutes Bett überlassen wollte, doch das ließ ich nicht zu. Jan wälzte sich hin und her, (8) **um** eine gute Schlafstellung **zu** finden (final).
(9) **Obwohl** (konzessiv) ich selbst nicht besonders müde war, verhielt ich mich ganz still, das ist das Beste, (10) **wenn** (konditional) man hart liegt.

4.

1 + e) Wir wollten ins Theater gehen, weil das Stück interessant ist.
2 + a) Jan geht zur Schule, obwohl er krank ist.
3 + d) Jan liegt im Bett, weil er krank ist.
4 + b) Wir fahren in Urlaub, sobald die Arbeit fertig ist.
5 + c) Sabine und Alexander haben sich getrennt, weil sie sich nicht mehr verstehen.

Seite 51

1.

Die **sonst so gemütliche** Wohnung roch nach **anstrengenden** Gesprächen und **eindringlichen** Fragen. Ich hätte Jan vielleicht nicht mit meiner **neugierigen** Mutter allein lassen sollen. Ich werde mit ihr fertig, weil ich ihre **raffinierten** Methoden ja kenne. Aber wenn sie ihren **unerbittlichen** Frageapparat erst einmal in Gang gesetzt hat, kann sie aus einer Miesmuschel die Wahrheit herauspressen, ohne dass die merkt, was läuft.

2.

Genitiv-Attribut	Adjektiv (bzw. Partizipial-)Attribut	Relativsatz als A.-Satz
	• völlig • unangenehm • gekünsteltes • augenblicklich • weiter	
• seiner Lippen • des torkelnden Alki • der Story		• , das er ja immer bei sich hatte.
	• dumm • kurz • heftigste	
• aller Zeiten		

Seite 52

3.

Relativsatz: Jan, der einen wütenden Gesichtsausdruck hat, macht mir Angst.
Partizipial-Attribut: Ich freue mich über Jans unerwartete Rückkunft.
Adjektiv- und Partizipial-Attribut: Heute ist der so lange ersehnte Tag.
Adjektiv-Attribut: Müde Kinder sollten schlafen.
Genitiv-Attribut: Das schönste Fest dieses Sommers war eure Hochzeit.
Präpositional-Attribut: Der Mann im Flur ist unser Deutschlehrer

4.

oben: Adverbial	*kleine:* Attribut
zunächst: Adverbial	*kaum:* Adverbial
genauerem: Attribut	*schwerlich:* Adverbial

Seite 53

1. (Jede der genannten Lösungen ist richtig.)

a) Peter ermahnt Jan, er solle nicht immer so schnell fahren.
oder: Peter ermahnt Jan, dass er nicht immer so schnell fahren solle.
oder: Peter ermahnt Jan, nicht immer so schnell zu fahren.

b) Jan schlug der Bande vor, dass sie sich eine andere Stadt suchen, da der Boden zu heiß sei.
oder: Jan schlug der Bande vor, sie solle sich eine andere Stadt suchen, da der Boden zu heiß sei.
oder: Jan schlug der Bande vor, sich eine andere Stadt zu suchen, da der Boden zu heiß sei.

c) Der Arzt warnt den Patienten, wenn er so weitermache, werde er bald die Quittung für seinen Lebenswandel bekommen.

oder: Der Arzt warnt den Patienten, dass er bald die Quittung für seinen Lebenswandel bekommen werde, wenn er so weitermache.

d) Der Personalchef gab dem Betriebsleiter zu Bedenken, dass die Motivation der anderen Kollegen immer weiter sinke, wenn sie noch mehr Leute entließen.
oder: Der Personalchef gab dem Betriebsleiter zu Bedenken, wenn sie noch mehr Leute entließen, sinke die Motivation der anderen Kollegen auch immer weiter.

e) Der Autoverkäufer erläutert dem Kunden, dass er ein wesentlich leistungsstärkeres Auto habe, wenn er das Modell mit dem größeren Hubraum kaufe.
oder: Der Autoverkäufer erläutert dem Kunden, er habe ein wesentlich leistungsstärkeres Auto, wenn er das Modell mit dem größeren Hubraum kaufe.

f) Die Lehrerin rät der Mutter einer Schülerin, dass sie ihre Tochter erst mal in Ruhe lassen solle und die Leistung dann von alleine wieder besser werde.
oder: Die Lehrerin rät der Mutter einer Schülerin, die Tochter erst einmal in Ruhe zu lassen. Die Leistung werde dann von allein wieder besser.

Seite 54

2.
Stefan: „Wir müssen streiken, wenn wir wieder in den Skikurs fahren wollen."
Michaela: „Du hast Recht, Stefan. Das finde ich auch."
Johanna: „Nein. Das finde ich nicht. So lässt die Schulleitung bestimmt nicht mit sich reden."
Alexandra: „Johanna hat Recht. Wir müssen uns gut auf die kommende Auseinandersetzung vorbereiten. Die Schulleitung hat keine Gründe genannt und einige Eltern, zum Beispiel meine, sind bestimmt nicht gegen den Kurs. Wir sollten vernünftige Argumente für den Kurs sammeln und sie der Schulleitung vortragen. Mir fällt zum Beispiel ein: Die Skigebiete sind sowieso schon da. Das Gemeinschaftsgefühl ist im Skikurs besonders groß. Außerdem schafft der Skitourismus Arbeitsplätze in den Bergen."
Die Klasse: „Wir werden um einen Gesprächstermin mit der Schulleitung bitten, um unser Anliegen und unsere Argumente dafür dem Direktor vorzutragen. Vielleicht fahren wir ja doch noch in den Skikurs."

Seite 55

3.
Zeile 1:
[Sie fragte], was sie geträumt habe.
Zeile 2:
Es müsse etwas Angenehmes gewesen sein
Zeile 3:
Sie lächle …
Zeile 5:
[Sie fragte], ob sie schon lange sitze
Zeile 6:
Sie wisse es nicht … Der Sessel sei bequem …
Zeile 7:
Den werde sie … ausprobieren
Zeile 8:
Sie forderte Lena auf liegen zu bleiben …
Zeile 10:
Sie forderte Lena auf zuzuhören, wenn es ginge, sie nicht zu unterbrechen …
Zeile 12, 13:
Es stimme … sie woll(t)en sich trennen … wollen sei falsch …
Zeile 14:
Sie müss(t)en … das sei genauer
Zeile 15:
Sie müsse wissen … nichts ginge … sie könn(t)en … nur noch streiten
Zeile 17:
Sie redeten wie … das sei wie …
Zeile 19:
Sie forderte Mam auf, es zu lassen; sich nicht aufzuregen. Ob sie sich richtig scheiden ließen …?
Zeile 21:
Rike habe ihr erzählt,
Zeile 22:
sie sei … ausgefragt worden
Zeile 23:
weil die geglaubt hätten, die Eltern könnten … nicht mehr erziehen
was auch stimme, wenn sie … zusammen bleiben wollten

Seite 56

1.
a) Der Weise wurde um Rat gefragt.
b) Die Weise hatte eine schöne Melodie und wurde von uns gerne gesungen.
c) Die Seiten des Buches werden umgeblättert.
d) Die Leiche wird in den Sarg gelegt.
e) Nichtchristen werden als Heiden bezeichnet.
f) In der Heide weiden oft Schafe.

2.
a) die Waise
b) der Mai
c) der Laich
d) der Mais
e) der Hai
f) die Saite

Seite 57

3.

a) vorläufig, Läufer
b) Fräulein
c) Wiederkäuer
d) sich schnäuzen
e) verbläuen
f) schäumen
g) gräulich
h) häuten
i) Säufer
j) Räuber

4.

Euter, Reue, Schleuder, Schleuse, teuer, Beute, Leute, heute, Meute, freuen, heulen, Feuer, Eule, Europa, seufzen, Zeuge, Teufel, Seuche, Neuigkeit, Neugier, Neurose, neutral, meutern

5.

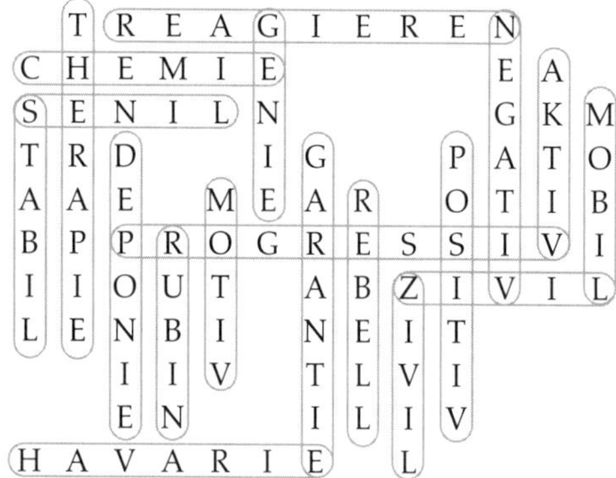

Seite 58

1.

a) Er hatte beim Skat mehrere Asse in der Hand.
b) Der Fahrer konnte den Lastwagen nicht mehr stoppen.
c) Sie tippten darauf, dass er morgen kommen würde.
d) Die Taucher fanden mehrere Wracks auf dem Meeresboden.

2.

ERPIP	OTSK	APEPP	AMMKODNRIEEN
Rippe	Kost	Pappe	kommandieren

TLPONER	ERPNELL	NNONE
poltern	prellen	Nonne
SSELNE	PSAENNN	WIERNMM
Nessel	spannen	wimmern
ELLEW	EVTTRE	BBWAELIG
Welle	Vetter	wabbelig
HCSMMAW	NERRAHCS	ATULLESCH
Schwamm	scharren	Schatulle

3.

a) Der Masseur rät Molligen vom Genuss von Spagetti, Karamellbonbons, Koteletts und Frikadellen ab, denn sie haben zu viele Kalorien. Hummer dagegen, der mit Raffinesse lukullisch zubereitet ist, oder Sellerie mit einem guten Dressing sind dagegen kalorienarm und appetitlich zu essen. Auch gegen eine Karaffe leichten Weißweins ist im Allgemeinen nichts zu sagen.
b) Während wir Rommee spielten, knabberten wir Pfefferminzbonbons und nippten an unserem Mineralwasser.
c) Der Kommissar war so polyglott und intelligent, dass die Kommunikation mit den philippinischen Kollegen flüssig vonstatten ging.
d) Er gab sich der Illusion hin, dass das bisschen Jogging ihn allmählich fitter machen würde.
e) Sie saßen auf der abschüssigen Seite des Kliffs, das sie erklommen hatten, sahen auf die See, bibberten, waren blass und missmutig darüber, dass das Wetter so schnell umgeschlagen war.

Seite 59

1.

Vergebens hatte er gehofft, dass man ihn nicht entdecken würde. Als er sich in seinem Versteck, das er sorgfältig ausgewählt hatte, bewegte, merkte er, dass das Gebüsch, das ihn eigentlich gut verdeckte, sich bewegte, so dass seine Kameraden, die er eigentlich erschrecken wollte, auf ihn aufmerksam wurden. Dass der Streich nicht geglückt war, konnte er verschmerzen, denn das Anschleichen hatte schon so viel Spaß gemacht, dass er damit zufrieden war. Seine Kameraden freuten sich, dass sie ihn entdeckt hatten, und waren zufrieden, dass sie so aufmerksam gewesen waren, dass ihnen das Wackeln des Gebüschs nicht entgangen war.

2. a) b)

1 Dass (K) 2 das (Art)Telefon eine nützliche Erfindung ist, 3 das (DP) wird niemand bestreiten. 4 Dass (K) es aber auch viel Ärger und Streit bringen kann, 5 das (DP) steht auch fest. Streit gibt es manchmal, wenn jemand zu lange telefoniert. 6 Das (DP) Telefon, 7 das (RP) für die ganze Familie zur Verfügung steht, ist stundenlang blockiert, wenn die Tochter mit ihrer besten Freundin telefoniert. 8 Das (DP) ärgert die Eltern, die 9 das (Art) Telefon nicht benutzen können und obendrein die teure Telefonrechnung bezahlen müssen. 10 Das (DP) kann man ändern, indem man, wie es manche Eltern machen, den Kindern jeweils eine eigene Telefonnummer gibt und die Rechnung vom Taschengeld bezahlen lässt. 11 Dass (K) 12 das (DP) funktioniert, liegt auf der Hand. Manche sagen aber, 13 dass (K) es ungerecht ist, 14 dass (K) das Kind die komplette Telefonrechnung bezahlen muss. Gerechter ist es, dass 15 das (Art) Kind einen Freibetrag hat und nur 16 das (DP) bezahlen muss, was über den Freibetrag hinaus geht.

Seite 60

1.
a) Die Großen fallen.
Die großen Fallen
b) Er isst Fett.
Er isst fett.
c) Die Kleinen kosten.
Die kleinen Kosten
d) Die Wunderschönen locken.
Die wunderschönen Locken
e) Er ist Näher.
Er ist näher.
f) Er ruft erschreckt: „Die Spinnen!"
Er ruft erschreckt: „Die spinnen!"

2.
a) Der Letzte macht die Türe zu.
b) Er hat allerlei Gutes und nichts Schlechtes für euch getan.
c) Beim Einladen des Gepäcks heute Mittag verhob er sich.
d) Die Familie stand wieder einmal vor dem Nichts.
e) Im Allgemeinen macht mir das Verlieren nichts aus.
f) Er ging als Erster durchs Ziel und wurde als Letzter geehrt.
g) Jeder Dritte hat Bedenken geäußert.
h) Sie tappten bei der Suche nach dem Täter im Dunkeln.
i) Gestern Abend war er zum Malen bei uns.
j) Das Aufstehen fiel mir heute Morgen leicht.
k) Wir werden beim Rennen den Kürzeren ziehen.

Seite 61

3.
Er hatte sehr viel gespart, so dass er aus dem Vollen schöpfen konnte.
Der Einbrecher suchte das Weite, als er entdeckt worden war.
Der Schüler las die Zeitung, um auf dem Laufenden zu bleiben.
Im Rennen zog er den Kürzeren, er kam als Letzter an.
In der Firma liegt vieles im Argen, was verbessert werden muss.
Er zog das, was sein Vorredner gesagt hatte, ins Lächerliche.
Mit seiner Bemerkung traf er ins Schwarze.
Er ließ einen wichtigen Faktor außer Acht, so dass das Projekt scheiterte.

4.
a) Der New Yorker Marathonlauf zieht viele Sportler an. 6
b) Die Hauptstadt Berlin hat einen Regierenden Bürgermeister. 2
c) Der Zweite Weltkrieg hat in allen Länder viele Opfer gefordert. 4
d) Die Frankfurter Allgemeine Zeitung ist neben der Süddeutschen Zeitung eine der größten deutschen Tageszeitungen. 5+6
e) Der Nahe Osten ist ein politisches Krisengebiet. 1
f) Das Deutsche Rote Kreuz hat auch Rettungshubschrauber. 5
g) Wenn ein Sturm aufkommt, ist der Stille Ozean nicht so still, wie der Name verspricht. 1
h) Das Museum für Deutsche Geschichte ist in Berlin. 5
i) Der Rote Milan gehört zu den Raubvögeln, die in Deutschland selten vorkommen. 3
j) Mit dem Westfälischen Frieden wurde der Dreißigjährige Krieg beendet. 4

Seite 62

5.
Sie waren gute Freunde, denn sie gingen miteinander durch dick und dünn.
Über kurz oder lang werden wir Erfolge sehen.
Von klein auf hatte er Tennis gespielt.
Von nahem gesehen ist er überhaupt nicht so gut, wie die Zeitungen dauernd schreiben.
Er hat die Prüfung ohne weiteres bestanden.
Bis auf weiteres muss er noch im Bett liegen bleiben.

6.
a) Er freute sich über alle Gäste; aber besonders freute er sich über **die jungen**.
b) Er zeigte mir viele Röcke, von denen mir **die einfarbigen** am besten gefielen.
c) Ich fahre gerne Auto, aber **die schnellen** fahre ich am liebsten.
d) Wir putzten zusammen Schuhe, er **die braunen** und ich **die schwarzen**.
e) Fröhlich liefen wir zu den Schwimmbecken, wir sprangen **ins große** und meine Mutter ging mit Corinna **ins kleine**.
f) Meine Mutter hatte zwei Sorten Äpfel gekauft; **die einen** zum Essen, **die anderen** zum Backen.
g) Die Busreise machten Feriengäste in jedem Alter mit. **Die jungen** wollte abends in die Disco, **die älteren** in die Weinstube.
h) Heute legte der Lehrer die Aufstellung für die Klassenfotos fest. Damit auch alle gut zu sehen waren, mussten **die großen** nach hinten, **die kleinen** nach vorne.

Seite 63

1.

- Starkton auf dem ersten Glied einer Fügung zeigt in der Regel **Zusammenschreibung** an.
- Starkton auf beiden Gliedern **Getrenntschreibung**.

a) Susi und Uli wollen zu**sam**men **kom**men.
(gemeinsam kommen)

Susi und Uli wollen zu**sam**menkommen.
(sich treffen)

b) Beide wollen **wie**der **kom**men.
(noch einmal kommen)

Beide wollen **wie**derkommen.
(zurückkommen)

c) Wir sollen **da ble**iben. (dort bleiben)

Wir sollen **da**bleiben. (nicht weggehen)

d) Wir mussten den Handwerker **wie**der **ho**len.
(nochmals holen)

Wir wollen die Vokabeln **wie**derholen. (repetieren)

e) Wir haben als Kinder die Sandburgen immer zu**sam**men ge**bau**t. (gemeinsam bauen)

Wir haben als Kinder Modellbausätze zu**sam**men-gebaut. (aus den Einzelteilen gebaut)

f) Der Betrag wird ihnen **gut**geschrieben.
(Geld wird auf ein Konto gebucht)

Er hat das Buch **gut** ge**schrie**ben.
(interessant geschrieben)

2.

Der Bericht über die Katastrophe ist schöngefärbt.
Ihm ist das zu seinem Vorteil angerechnet worden.
Das Bergwerk ist schon lange stillgelegt worden.
Er wird morgen langlaufen.
Der Monteur hat am Sonntag schwarzgearbeitet.
Über den Witz hat er sich fast totgelacht.
Das Verbrechen ist lange Zeit totgeschwiegen worden.

3.

Die Autos sind sehr dicht aufeinander gefolgt.
Die Entwicklung ist rückwärts gegangen.
Der Stadtplan ist mir in Paris abhanden gekommen.
Der Passant wurde beiseite gestoßen.
Die Kartoffelkäfer haben in diesem Jahr überhand genommen.
Die Feier ist reibungslos vonstatten gegangen.
Er musste mit einer Kartoffelsuppe vorlieb nehmen.
Das viele Lernen ist ihm bei der Schulaufgabe zugute gekommen.
Sie hat alles zunichte gemacht.
Ihm sind viele Ehrungen zuteil geworden.

Arbeitsheft

Seite 4

1.
Behauptung /Argument/*Beweis, Beispiel*

Ich finde, dass jeder Mann heutzutage einen Bügelkurs besuchen sollte, da diese Fähigkeit beim Führen eines Haushaltes hilfreich sein kann. **Viele Leute meinen, dass Frauen schlechtere Autofahrer seien als Männer.** Sie würden sich nämlich oft im Spiegel schminken und könnten so nicht auf den Verkehr achten. *Gestern habe ich selbst eine Autofahrerin beobachtet, die während des Fahrens ihren Lippenstift aufgetragen hat.* **Dass Frauen schlechtere Autofahrer seien als Männer, stimmt einfach nicht,** denn gerade Autofahrerinnen sind wesentlich weniger in Unfälle verwickelt als ihre männlichen Kollegen. *Dies beweist die Unfallstatistik des ADAC, außerdem bekommen Frauen bei Kfz-Versicherungen einen Rabatt und müssen weniger bezahlen als Männer.*

2.
Viele fordern, dass jeden Tag eine Stunde Sport im Stundenplan stehen sollte, da die Schüler in ihrer Freizeit zu wenig Bewegung haben. Es ist wissenschaftlich erwiesen, dass Bewegung die Gehirntätigkeit anregt und so den Schülern beim Lernen hilft.
Man sollte Alkohol und Zigaretten erheblich verteuern, da dann viele Menschen aufhören zu rauchen und zu trinken, so werden sie weniger krank und das senkt die Kosten im Gesundheitsweisen erheblich.
Man sollte die Schulzeit auf 12 Schuljahre verkürzen, weil viele begabte Schülerinnen und Schüler den Stoff auch in einem Jahr weniger erlernen. Das ist in den meisten europäischen Nachbarländern mit großem Erfolg seit Jahren erprobt.
Viele fordern, dass auf den Zeugnissen wieder Kopfnoten stehen sollten, weil die Wirtschaft beklagt, dass die Schulabgänger nicht mehr über Tugenden wie Pünktlichkeit, Höflichkeit und Zuverlässigkeit verfügen. Der Schulalltag verläuft konfliktfreier, wenn den Schülern diese Primärtugenden bewusst gemacht werden.

Seite 5/6

3. a) b)
Schüler sollen ihre Schule selbst putzen,
- weil sie eh so wenig arbeiten. (–) → kein Argument
- weil das für ihre spätere Berufstätigkeit sinnvoll ist. (–) → unwichtig für das Thema
- weil sie so umweltbewusstes Verhalten lernen. (+) → stellt einen weiterführenden Zusammenhang her
- weil das die einzige Möglichkeit ist, wo sie lernen, mit Lappen und Besen umzugehen. (–) → unwichtig für das Thema
- damit es ihnen in der Schule besser gefällt. (–) → keine Begründung
- weil das die Lehrer freut. (–) → unsinnig
- weil sie sonst in ihrem Müll versinken. (+)
- weil sie ihre Schule selbst putzen sollen. (–) → Wiederholung
- weil die Putzfrauen dadurch entlastet werden. (–) → unwichtig für das Thema
- weil das so in der Schulordnung steht. (–) → keine Begründung
- weil sie dann nicht so gedankenlos mit ihrem Müll umgehen. (+) → gutes Argument

c)
Vieles spricht dafür, dass Schüler ihre eigene Schule selber putzen. Zum einen ist es gut, weil sie so umweltbewusstes Verhalten lernen. So überlegen sie besser, ob sie Getränke in Dosen oder Tetrapacks mitbringen, die dann entsorgt werden müssen. Sie sollten die Schule selber putzen, weil sie sonst in ihrem eigenen Müll versinken. Das Reinigungspersonal muss nicht unter den Tischen aufräumen, dort sammelt sich oft Müll. Außerdem spricht einiges dafür, dass die Schüler ihre Schule selbst putzen, weil sie dann nicht so gedankenlos mit ihrem Müll umgehen. Wenn sie zum Beispiel merken, wie viel Mühe das Müllentsorgen kostet und wie viel Zeit dabei für das eigentliche Putzen verloren geht, werden sie besser darüber nachdenken, welchen Müll sie produzieren und dass sie ihn in den Papierkorb und nicht auf den Boden werfen müssen.

Seite 7

1. a)

Behauptung/Argument/*Beweis, Beispiel*

Heutige Schüler haben keine Disziplin, denn sie verstoßen gegen Regeln, *wenn sie andere nicht ausreden lassen.*
Dass heutige Schüler keine Disziplin haben, zeigt sich darin, dass sie Vereinbarungen nicht einhalten, *wenn sie den Deutschunterricht stören.*
Dei Schüler heute haben Disziplin, weil sie sich an Regeln halten, *die sie selber aufgestellt haben wie zum Beispiel Gesprächsregeln.*
Da die Schüler von heute lernen wollen, **hören sie diszipliniert zu,** *wenn im Deutschunterricht neue Inhalte vermittelt werden.*
Wenn sie es vorher gelernt haben, organisieren die heutigen Schüler selbständig schulische Abläufe wie Schulfeste, **das ist ein Zeichen von Disziplin.**
Da sie ihre Mitschüler nicht ruhig arbeiten lassen, **haben die Schüler von heute keine Disziplin,** *das zeigt sich auch an den schlechten Arbeitsergebnissen.*

b)

Pro

Heutige Schüler haben keine Disziplin, denn sie verstoßen gegen Regeln, wenn sie andere nicht ausreden lassen.
Dass heutige Schüler keine Disziplin haben, zeigt sich darin, dass sie Vereinbarungen nicht einhalten, wenn sie den Deutschunterricht stören.
Die Schüler von heute haben keine Disziplin, da sie ihre Mitschüler nicht ruhig arbeiten lassen, das zeigt sich auch an den schlechten Arbeitsergebnissen.

Contra

Die Schüler heute haben Disziplin, weil sie sich an Regeln halten, die sie selber aufgestellt haben wie zum Beispiel Gesprächsregeln.
Es ist ein Zeichen von Disziplin, dass die heutigen Schüler selbständig schulische Abläufe wie Schulfeste organisieren, wenn sie es vorher gelernt haben.
Die Schüler von heute hören diszipliniert zu, da sie lernen wollen, wenn im Deutschunterricht neue Inhalte vermittelt werden.

Seite 8

2. a) b)

Früher herrschte an den Schulen Disziplin,
Heute gibt es an Schulen keine Disziplin, …

1 denn das Aufstellen vor Unterrichtsbeginn auf dem Schulhof war üblich.
B denn alle rennen durcheinander, wenn es schellt.

2 da im Unterricht der Gehorsam das Wichtigste war.
D da die Schüler den Lehrpersonen nicht mehr gehorchen.

3 weil die Bestrafung mit dem Rohrstock zum Schulalltag gehörte.
A weil die Schüler nicht mehr bestraft werden können.

4 da die Kinder und Jugendlichen die Lehrer respektierten.
C weil die Lehrer nicht mehr als Respektperson angesehen werden.

Seite 9

3./4.

Schuluniformen – ja klar

Gestern war es soweit! Nach *endlosen unsinnigen Diskussionen* haben wir, die Schüler der Klasse 7c, uns endlich entschieden, dass wir ab jetzt mehrere Wochen lang alle gleich aussehen wollen. *Das stelle man sich mal vor.* Markenklamotten sind jetzt out, wir ziehen freiwillig ganz normale blaue Jeans und dunkelblaue Sweatshirts an. Damit das nicht so langweilig aussieht, haben wir das Logo unserer Schule darauf drucken lassen. *War zwar teuer, sieht aber ganz cool aus.* Bis es soweit war, gab es richtig Theater in der Klasse. Aus dem Englischunterricht wussten wir, dass es in England üblich ist, in Schuluniformen herumzulaufen. Einer Meinung waren wir da wirklich nicht. Manche hatten Angst, dass sie sich blamieren, wenn sie jeden Tag in den gleichen Klamotten herumlaufen. *Die haben vielleicht Sorgen*! Andere sagten, dass man mit einer Schuluniform erreichen könne, dass man nicht schon durch die Klamotten positiv oder negativ auffällt. Meine Meinung ist, dass ich es immer schon blöd fand, dass Kinder reicher Eltern ständig neue Markenklamotten tragen. Das erzeugt doch bloß Neid bei denen, die nicht so viel Geld haben. Das sieht man in unserer Klasse besonders bei Kathi. Außerdem können wir, wenn wir alle die gleichen Klamotten tragen, nach außen zeigen, dass wir zusammen gehören. Nur einige Mädchen fanden es ziemlich schlimm, dass sie jetzt keine Miniröcke mehr tragen können. *Na ja, eigentlich ist es auch wirklich schade …* Jetzt kommt es manchmal zu komischen Reaktionen von Leuten. Die uns anstarren. Manche dachten, dass wir zu einer Sekte gehören oder zumindest alle dem gleichen Verein angeschlossen sind. *Die sollten auch mal darüber nachdenken, ob Schuluniformen sinnvoll sind.*

5. a)

dafür / *dagegen*

Schuluniformen – ja klar

Gestern war es soweit! Nach endlosen unsinnigen Diskussionen haben wir, die Schüler der Klasse 7c, uns endlich entschieden, dass wir ab jetzt mehrere Wochen lang alle gleich aussehen wollen. Das stelle man sich mal vor. **Markenklamotten sind jetzt out, wir ziehen freiwillig ganz normale blaue Jeans und**

dunkelblaue Sweatshirts an. Damit das nicht so langweilig aussieht, haben wir das Logo unserer Schule darauf drucken lassen. War zwar teuer, sieht aber ganz cool aus. Bis es soweit war, gab es richtig Theater in der Klasse. Aus dem Englischunterricht wussten wir, dass es in England üblich ist, in Schuluniformen herumzulaufen. Einer Meinung waren wir da wirklich nicht. *Manche hatten Angst, dass sie sich blamieren, wenn sie jeden Tag in den gleichen Klamotten herumlaufen.* Die haben vielleicht Sorgen! **Andere sagten, dass man mit einer Schuluniform erreichen könne, dass man nicht schon durch die Klamotten positiv oder negativ auffällt.** Meine Meinung ist, dass ich es immer schon blöd fand, dass **Kinder reicher Eltern ständig neue Markenklamotten tragen. Das erzeugt doch bloß Neid bei denen, die nicht so viel Geld haben.** Das sieht man in unserer Klasse besonders bei Kathi. Außerdem können wir, **wenn wir alle die gleichen Klamotten tragen, nach außen zeigen, dass wir zusammen gehören.** *Nur einige Mädchen fanden es ziemlich schlimm, dass sie jetzt keine Miniröcke mehr tragen können.* Na ja, eigentlich ist es auch wirklich schade … Jetzt kommt es manchmal zu komischen Reaktionen von Leuten. Die uns anstarren. Manche dachten, dass wir zu einer Sekte gehören oder zumindest alle dem gleichen Verein angeschlossen sind. *Die sollten auch mal darüber nachdenken, ob Schuluniformen sinnvoll sind.*

Im Text sind sowohl Gründe für das Tragen von Schuluniformen als auch Gründe dagegen angeführt.

b)
Schuluniformen sind sinnvoll, weil das Tragen von Markenklamotten und die Wichtigkeit dieser aufhört. Für Schuluniformen spricht auch, dass der Neid der Mitschüler aufhört, die sich Markenklamotten nicht leisten können. Außerdem sind sie sinnvoll, da das Tragen verhindert, dass man in der Klasse für seine Sachen bewundert oder abgelehnt wird. Schuluniformen machen Sinn, weil durch die gleichen Sachen ein Zusammengehörigkeitsgefühl entsteht, das man sehen kann. Schuluniformen sind sinnvoll, dass zeigt auch die Erfahrung in England, wo das schon immer so ist. Schuluniformen sind auch deshalb gut, weil man dann nicht jeden Morgen überlegen muss, was man anzieht und so Zeit spart. Außerdem sind Uniformen gut, weil man so viel Geld für Kleidung sparen kann.

Schuluniformen sind nicht sinnvoll, da man sich blamiert, wenn man jeden Tag die gleichen Sachen trägt. Außerdem sind sie nicht sinnvoll, weil man nicht mehr anziehen kann, was einem gefällt und man so seinen Stil nicht zeigen kann. Schuluniformen sind auch wenig sinnvoll, da man schnell herauswächst und ständig neue kaufen muss. Dagegen spricht auch, dass die Uniform oft gewaschen werden muss, da man sie ja jeden Tag trägt und nicht riechen möchte.

6.
Beispiel

Stichwortzettel

Behauptung: Schuluniformen sind sinnvoll

Einleitung:
- *Worum geht es?*
  Einführung von Schuluniformen
- *Bedeutung des Themas*
  geht mich an, bin selbst Schüler
- *Verschiedene Stellungnahmen zum Thema*
  für englische Schüler positiv, Gewohnheit
  Einheitskleidung negativ, Individualität verloren
- *deine eigene Meinung*
  eher positiv

Hauptteil:
- *Darstellen deines Standpunktest*
  Schluss mit Markenklamotten und ihrer Wichtigkeit
- *mit Beispielen gestützt*
  kein Neid bei Mitschülern ohne Geld
  keine Ablehnung oder Bewunderung wegen der Klamotten
  Entstehung von Zusammengehörigkeitsgefühl
  gute Erfahrungen in England
  morgens mehr Zeit
  Geldeinsparung

Schluss:
- *Erläuterung, warum dein Standpunkt richtig ist*
  sozialer Gesichtspunkt
  Zusammenhalt in der Klasse
  keine Sonderrolle
- *Aufzeigen der Folgen, die entstehen, wenn deine Meinung berücksichtigt wird*
  finanzieller Aspekt für die Eltern
  Konzentration auf wichtige Dinge

Seite 11

7 a)
Marco: Immer schreiben, lesen rechnen. Ich finde, dass Hausaufgabenmachen manchmal nicht gut, denn wer in der Schule aufpasst, hat genug gelernt.
Andrea: *Da stimme ich dir nur teilweise zu, denn* Vokabeln muss ich öfter wiederholen, damit ich sie behalte.
Richard: *Das sehe ich genau so, außerdem* trifft das auch für Mathematik zu. Selbst, wenn ich in der Schule die Aufgaben verstanden habe, rechne ich lieber noch einmal andere Aufgaben, die genauso sind.
Marco: *Ich bin aber der Meinung,* dass ich freiwillig zuhause das übe, was ich nicht so gut kann. Schließlich will ich ja gute Schulaufgaben schreiben.
Susanne: *Da möchte ich dir widersprechen, weil* ich oft lieber spielen möchte oder mich ausruhen. Dann vergesse ich, was ich üben muss, ich brauche Druck um richtig zu üben.

Yvonne: *Du hast völlig Recht*, es ist auch besser, wenn die Lehrer uns Hausaufgaben aufgeben, weil sie schon überlegt haben, welche Aufgaben sich zum Wiederholen eignen.
Marco: *Andererseits* ist es auch wichtig, wenn wir selber merken, was wir gut können oder nicht. Schließlich verstehe ich andere Sachen besser als du. Oder ich mache bei der Rechtschreibung andere Fehler als du.
Peter: *Meine Meinung zu deinem Argument ist, dass* es teilweise stimmt. Ich glaube, es kommt auf das Fach an und darauf, wie alt die Schüler sind. In der 5. Klasse hätte ich gar nicht gewusst, was ich üben muss. Und in meinen Spitzenfächern fällt es mir leichter als in Fächern, in denen ich nicht so gut bin.
Marco: *So kann man das sehen, aber* ich denke, dass es auch auf den Lehrer ankommt und darauf, wie gut er seine Klasse kennt. Eigentlich müsste jeder Schüler andere Hausaufgaben aufbekommen, weil jeder anders lernt. Vielleicht sind die Hausaufgaben am besten, die nur der Wiederholung dienen.

b)
Sind Hausaufgaben sinnvoll oder nicht?

Seite 13

Schriftlich begründet Stellung nehmen

1.
Soll der Spielplatz in seiner alten Nutzungsform erhalten werden oder nicht?

2.
„alter" Anwohner: Treffpunkt für das gesamte Wohngebiet; ein Ort, an dem sich Jung und Alt begegnen, ein aus den Anwohnern gebildetes Spielplatzteam kümmert sich um die Pflege der Anlagen sowie das einträchtige Miteinander der Benutzer, fünf Jahre funktionierte dieses Modell, vielfältige Nutzung, für die Kleinen gibt es den üblichen Sandspielbereich, zudem Schaukeln, Rutschen und Kletteranlagen, für die Jugendlichen wurde ein befestigtes Basketballfeld angelegt, die Erwachsenen trafen sich zum Boulespiel, eigenes Engagement der Jugendlichen mit Unterstützung ihrer Eltern.

neuer Anwohner: Lärmbelästigung durch junge Streetbasketballer, keine Regelung durch Hinweisschilder, die die Nutzung des Areals im Sinne aller festlegt (Ruhezeiten an Sonn- und Feiertagen, Mittags- und Nachtruhe)

Stadtverwaltung: muss auf Anwohnerbeschwerde reagieren, Schilder schränken die Nutzungsmöglichkeiten ein, damit alle zufrieden sind

3.
unsachliche Aussagen: Alle Jugendlichen machen Lärm, deshalb sollen sie nicht draußen spielen …
Streetball ist so ein neumodischer Sport.
Jugendliche sollten lieber Hausaufgaben machen, statt sich auf der Straße herumzutreiben.
Alle alten Leute regen sich über Jugendliche auf.
Immer leben sich Jugendliche auf Kosten kleinerer Kinder aus.

Seite 14

4. Musterlösung:

Standpunkt 1
Meiner Meinung nach ist der Spielplatz ein Treffpunkt für das gesamte Wohngebiet. Er ist ein Ort, an dem sich Jung und Alt begegnen, weil eine vielfältige Nutzung möglich ist. Für die Kleinen gibt es nicht nur den üblichen Sandspielbereich, sondern auch Schaukeln, Rutschen und Kletteranlagen. Aber auch für die Jugendlichen wurde ein befestigtes Basketballfeld angelegt. Nicht zuletzt trafen sich die Erwachsenen zum Boulespiel. Außerdem kümmert sich ein aus den Anwohnern gebildetes Spielplatzteam um die Pflege der Anlagen sowie das einträchtige Miteinander der Benutzer. Ich vertrete die Ansicht, dass dieses Modell bereits seit fünf Jahren gut funktioniert. Ich bin der Überzeugung, dass hier ein großes eigenes Engagement der Jugendlichen mit Unterstützung ihrer Eltern stattfindet, was besonders deutlich macht, wie wichtig der Erhalt des Spielplatzes ist.

Standpunkt 2
Für mich gilt, dass diese Regelung meine Wohnqualität erheblich beeinträchtigt, da mich die große Lärmbelästigung durch das ewige Aufticken des Balls und die Rufe der jungen Streetbasketballer sehr stören. Ich meine, dass es eine Regelung durch Hinweisschilder, die die Nutzung des Areals im Sinne aller festlegt, geben muss, damit Ruhezeiten an Sonn- und Feiertagen und ebenfalls Mittags- und Nachtruhe eingehalten werden.

Seite 15

5. Musterbrief:

Lukas Schmidt
An den Kämpen 9

59348 Lüdinghausen-Seppenrade

Seppenrade, den 28.07.04

An die Stadtverwaltung
der Stadt Lüdinghausen

59348 Lüdinghausen
Postfach

Wiederherstellung der alten Regelung
der Spielplatzordnung

Sehr geehrte Damen und Herren,

wir, die Jugendlichen in Seppenrade, möchten Sie bitten die Neuregelung der Spielplatzordnung An den Kämpen noch einmal zu überdenken.

Wir sind der Meinung, dass der Spielplatz bisher auch dazu gedient hat, ein Treffpunkt für alle Familien, für Jung und Alt zu sein. Nun ist diese Gemeinschaft durch die neuen Vorschriften in Gefahr.
Gerade wir Jugendliche können uns mit diesen Vorschriften nicht abfinden. Wir wünschen uns, falls die Stadt in Seppenrade keinen Ausweichplatz anbieten kann, eine Ausdehnung der Nutzungsmöglichkeiten auf Sonn- und Feiertage sowie bis in den frühen Abend hinein, damit meinen wir von 21 bis 22 Uhr. Schließlich sind wir als Schüler innerhalb der Woche in der zur Verfügung stehenden Zeit zunächst mit Hausaufgaben und anderen Dingen beschäftigt, sodass wir den Spielplatz nicht intensiv nutzen können.
Zudem wünschen wir uns eine Aufhebung der Altersbeschränkung, weil sonst Freundschaften nicht entstehen bzw. zerstört werden können. Außerdem gibt es für Jugendliche über 12 Jahre keinen Platz, an dem sie sich aufhalten können.
Damit Sie sehen, dass nicht nur wir Jugendliche diese Meinung vertreten, haben wir zur Unterstützung unseres Anliegens in den vergangenen Wochen in der Nachbarschaft Unterschriften gesammelt. Dabei sind 76 zusammengekommen.

Über eine Einladung zu einem Gespräch würden wir uns sehr freuen, damit wir Ihnen unsere Argumente noch einmal persönlich vortragen können.

Mit freundlichen Grüßen
im Auftrag aller Jugendlicher

Karl Casper

Anlage: Unterschriftensammlung

Seite 17

1.

1. *Abschnitt:* Bären greifen Menschen an.
2. *Abschnitt:* In Kalifornien leben 20 000 Schwarzbären, die immer häufiger die 12 Mio. in diesem Gebiet (teilweise) lebende Bev. angreifen.
3. *Abschnitt:* Schwarzbären gelten als friedlich, suchen aber immer häufiger nach Fressbarem in der Nähe von Menschen.
4. *Abschnitt:* Bären gewöhnen sich immer stärker an menschliche Lebensmittel.
5. *Abschnitt:* Die Menschen müssen vermeiden, dass Bären Kontakt mit Lebensmitteln für Menschen bekommen.
6. *Abschnitt:* Camper können inzwischen bestraft werden, wenn sie ihre Lebensmittel nicht ordnungsgemäß wegsperren.
7. *Abschnitt:* Bären müssen getötet werden, wenn sie lebensmittelsüchtig und dadurch agressiv werden.
8. *Abschnitt:* Teilweise locken Menschen die Bären bewusst, um sich mit ihnen fotografieren zu lassen.

2.
Wo gibt es die Probleme mit den Bären?
In der Sierra Nevada.

Wann kommt es zu den Problemen?
alljährlich wachsend

Wer ist an den Problemen beteiligt?
Menschen und Bären

Was passiert?
Bären, die sich an menschl. Lebensmittel gewöhnt haben, greifen Essensvorräte in der Nähe von Menschen an.

Wie geschieht es?
Camper und Einwohner ermöglichen den Bären durch leichtsinnigen Umgang den Zugang zu menschlichen Lebensmitteln.

Seite 18

Der Schwarzbär

Nahrung: kleine Tiere • Insekten • Grünpflanzen • Beeren • menschl. Lebensmittel, wenn sie damit in Kontakt kommen, sogar Körperlotion

Höhe: fast 2 m • Männchen erheblich größer als Weibchen

Gewicht: 120–180 kg

Vorkommen: In allen kanadischen Provinzen • in Kalifornien und anderen 22 der amerikan. Bundesstaaten

Verhalten: allgemein friedliches Verhalten • können in besonderen Situationen agressiv werden

Lautäußerung: brummende Laute

Fortpflanzung: mit 4–5 Jahren geschlechtsreif • Paarungszeit von Juni bis Mitte Juli • ein Wurf normalerweise 2 bis 3 Junge

Lebenserwartung: etwa 25 Jahre

Seite 19

1. Die Wörter sind:
1. DEUTSCHLAND 2. AUSTRALIEN
3. ANTILOPE 4. ARIZONA 5. KAMERUN
6. STRAUSS 7. ROTWILD 8. AMERIKA
9. INDIEN 10. EISBÄR 11. EUROPA
12. AFRIKA 13. TIGER 14. ASIEN

2.
Kontinent: EUROPA AUSTRALIEN AFRIKA AMERIKA ASIEN

Land: DEUTSCHLAND KAMERUN ARIZONA INDIEN

Tier: ROTWILD STRAUSS ANTILOPE EISBÄR TIGER

Seite 20/21

4. Das Reiseland Frankreich

5. und 6.
Steckbriefinformationen zu Frankreich (fett):
Frankreich (2) • Westeuropa (2) • Größe (3) • Einwohner (4) • Bevölkerungsdichte (4) • Religionszugehörigkeiten (6) • Grenzen (9) • Erhebung (10) • Fluss (11) • Währung (41) • Klima (41) • Spezialitäten (43)

Paris und seine Architektur *(kursiv)*:
architektonische Kunstwerke (13) • Konstruktionen aus Glas und Metall (14) • Eiffelturm (14) • Pariser Hallen (18) • Glasdächer des Petit und Grand Palais (22) • Musée d' Orsay (25) • Gewächshäuser (30) • Jardin des Plantes (30) • Einkaufsgalerien (36)

Sport und Freizeit in Frankreich (Unterstreichung):
Sportmöglichkeiten (46) • Angeln (47) • Golfspielen (50) • Fahrrad (52) • Reiterferien (57) • Urlaub auf dem Wasser (60) • Wintersport (63)

Seite 22

1. Die abgebildete Karte dient als Vergleichsmöglichkeit

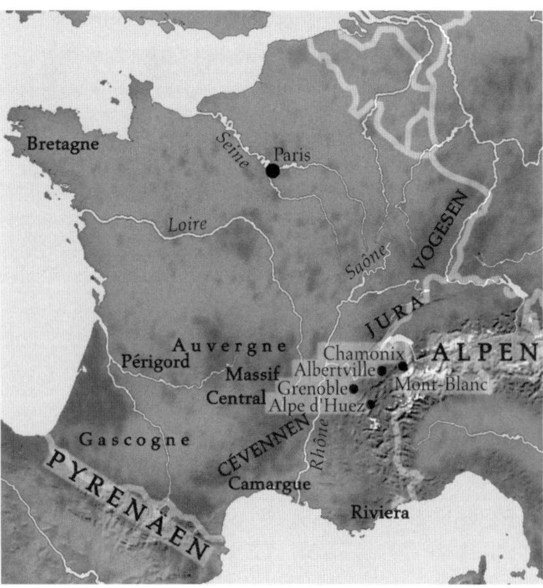

Seite 23

2. Mögliche Antworten:
vielfältige Sportmöglichkeiten, warmes Klima, Paris und die Shoppingmöglichkeiten …

Seite 24

1. und 2.
~~Der Film war wirklich super.~~ ~~So eine Mischung aus~~ Liebes- und spannendem Abenteuerfilm. Es geht darin um ein chinesisches Mädchen, das für ihren Vater in den Krieg zieht, obwohl sie ~~doch eigentlich~~ verheiratet werden sollte. Die Hunnen sind ~~nämlich~~ in China eingefallen und der chinesische Kaiser befiehlt daraufhin, aus jeder Familie einen Kämpfer zur Verteidigung einzuziehen. Mulans Vater ist aber krank und deshalb verkleidet sie sich als Mann und reitet auf dem Pferd und mit dem Schwert des Vaters weg, in die Kriegsschule. Dort versucht sie dann zu lernen, wie man sich als Krieger benimmt. Anfangs hat sie als Mädchen natürlich keine Chance, aber dann lernt sie es nach und nach. Sie wird immer stärker und lernt, mit Waffen umzugehen. ~~Ach ja, und dann ist da noch die Geschichte vom~~ Drachen Muschu. ~~Über die lacht man am meisten.~~ Als Mulan nämlich von zu Hause wegreitet, wollen die Ahnen der Familie sie zurückholen, damit der Familie keine Schande geschieht und Mulan nicht als Frau entlarvt und getötet wird.
Die Ahnen bestimmen für diesen Dienst den Geist des großen steinernen Drachen. Der kleine freche Drache Muschu soll den steinernen Drachen wecken und dröhnt mit seinem Gong so laut, dass der Drache in tausend Steinbrocken zerspringt. Um nicht bestraft zu werden, folgt er Mulan selbst und richtet – zusammen mit einer kleinen Glücksgrille – schon in der Kriegsschule allerhand Unsinn an. Er ist nämlich gar nicht stark und spielt sich mächtig auf. ~~Manchmal benimmt sich Muschu wirklich wie ein Idiot~~ und das kann dann richtig gefährlich werden. Zum Beispiel setzt er sich im Krieg auf einen Kanonenwagen und speit Feuer. ~~Klar~~, dass so sofort eine Kanone gezündet wird. Das einzige Mal, wo Muschu ~~richtig~~ hilfreich ist, ist bei der Befreiung des Kaisers. ~~Aber so weit war ich, glaube ich, noch gar nicht. Also zurück zur Kriegsschule~~. Dort dient Mulan unter dem Hauptmann Li Chang und zieht unter ihm als Soldat gegen die Hunnen. ~~Jetzt wird's richtig spannend.~~ Das Heer der Hunnen ist nämlich eigentlich dem chinesischen Heer weit überlegen und weil Muschu die Kanone zündet, wissen die Hunnen sofort, wo das chinesische Heer lagert. Aber Mulan sprengt mit einer Kanone eine Lawine vom Berg, so dass alle Hunnen unter dem Schnee begraben werden. Mulan rettet dem Hauptmann das Leben und wird bei dieser Aktion gegen die Hunnen selbst verletzt. Beim Verarzten ~~kommt raus~~, dass sie eine Frau ist. Weil sie ihm auf dem Schlachtfeld das Leben gerettet hat, ver-

schont der Hauptmann ihr Leben, lässt sie aber alleine zurück und zieht mit dem Heer weiter. ~~Eigentlich~~ war das ein Glück, denn Mulan entdeckt, dass einige Hunnen überlebt haben und weiter Richtung Hauptstadt ziehen. Sie will den Hauptmann warnen, aber der ~~ist so blöd und~~ hört nicht auf sie ~~typisch Männer, oder?~~ Der Hunnenführer dringt in den chinesischen Palast ein und hält den Kaiser dort gefangen. Mulan ~~hat eine wirklich gute Idee und~~ verkleidet einige Krieger der Truppe des Hauptmanns als Frauen. Als Frauen können sie sich den Hunnen nähern und als sie sich als Krieger entpuppen, siegen sie über die Hunnen. Mulan befreit den Kaiser und kehrt mit dem Schwert und Siegel des Kaisers zu ihrer Familie zurück. ~~Klar~~ dass sich Mulan und der Hauptmann ~~längst~~ ineinander verliebt haben. Deshalb folgt Li Chang seiner Mulan und die beiden werden ein Paar. ~~Du solltest diesen Film wirklich auf keinen Fall versäumen.~~

Seite 27

1.
So könnte die Zusammenfassung der Argumente aussehen:
Erstens: Schäferhundgroße Elefanten ließen sich in der Wohnung als Haustiere halten.
Zweitens: Elefanten wären Schäferhunden als Haustiere überlegen, da sie mit ihrem Rüssel trompeten und Wasser spritzen könnten.
Drittens: Da in der Erdgeschichte größere Tiere, wie Saurier, eher vom Aussterben bedroht sind und kleine Elfenbeinzähne von schäferhundgroßen Elefanten für Jäger nicht mehr interessant wären, hätten Elefanten von der Größe eines Schäferhundes höhere Überlebenschancen.
Viertens: Wären Elefanten nur so groß wie Schäferhunde, könnten sie keine Zerstörungen im Urwald mehr anrichten und wären dem Menschen nicht mehr gefährlich.

Seite 29

1.
Einführung in das Geschehen
Reimpaar 1–6: Mitternacht in Babylon, König und sein Gefolge trinkt, König wird übermütig

Geschehen
Reimpaar 7–18:
König lästert Gott, Raub des Bechers aus dem Tempel, König gibt sich als Gott aus, Schrift an der Wand, König hat Angst

Folgen des Geschehens
Reimpaar 19–20:
König wird von seinen Knechten getötet

2.
Wer? König Belsazar und seine Knechte
Wo? Königschloss in Babylon
Wann? Mitternacht.
Was? Am Ende einer Feier wird der König von seinen Knechten umgebracht.
Wie? Erhöhter Alkoholkonsum führt zur Gotteslästerung und zur Entweihung des Tempels Jehova.
Welche Folgen? An einer Wand erscheint eine Schrift wie Feuer, sie versetzt alle in Angst und die Knechte ermorden den König.

Seite 31

1.
a) Waagerechte Trennlinien nach Z. 13, 16 und 24.
b) Die zeitliche Abfolge der Ereignisse ist folgende:
Kindheit des Sohnes – Vater und Sohn lassen einen Drachen steigen; der Drache reißt sich los; Erklärung des Vaters
Jugendzeit – allmähliche Entfremdung von Vater und Sohn; Trennung
Jahre später – Suche des Sohnes nach erfülltem, glücklichem Leben; Drogen; Selbstmord; Information des Vaters durch die Polizei; Vorlesen des Abschiedsbriefes

2.
- **Wer?** *Vater, Sohn, Freund des Sohnes, Polizei*
- **Wie** *tröstet der Vater den Sohn?*
  Er erklärt ihm, dass der Papierdrache in Freiheit bis zur Sonne fliegen könne.
- **Wie** *ändert sich die Beziehung?*
  Gute Beziehung des Vaters zum Kind; später trennen sich Vater und Sohn.
- **Wie** *informiert die Polizei den Vater?*
  Die Polizei liest dem Vater am Telefon den Abschiedsbrief des Sohnes vor.
- **Warum** *ändert sich die Beziehung?*
  Vater und Sohn entfremden sich als der Sohn älter wird.
- **Warum** *schreibt der Sohn die Worte des Vaters auf den Abschiedsbrief?* Der Sohn macht dem Vater damit ein Angebot zur Versöhnung und versucht, ihm seinen Selbstmord zu erklären: Er ist mit seiner Suche nach einem glückenden, freien Leben gescheitert.

Seite 32

3.
1: Zeilen 17–19.
2: Zeilen 20–25.
3: Zeilen 28–29.

Seite 36

2.
Wo? Möbliertes Zimmer, Arbeitsamt, Straße vor dem Schuhgeschäft, Gartenlokal, Spree, Wohnung der Vermieterin

Wer? Ich-Erzähler, Schwester Frieda, Vater; arbeitslose Bekannte des Vaters, arbeitsloser Freund Walter, Vermieterin des möblierten Zimmers.

Was? *Was passiert, als ausgerechnet Walter die Stelle bekommt und die anderen ihn jetzt für eingebildet halten?* Die anderen klauen Walter den Bärenkopf und werfen ihn in die Spree.

Wie *verändert sich Walter?* Er gewinnt neues Selbstbewusstsein.
Wie helfen der Ich-Erzähler und Frieda? Sie schneiden den Kopf des echten Bärenfells ihrer Vermieterin ab, bringen diesen Kopf zu Walter und passen ihn an.
Wie reagiert die Vermieterin? Sie schreit entsetzt.

Warum *werfen Bekannte den Bärenkopf in die Spree?* Sie sind selbst arbeitslos und neidisch, dass Walter einen Arbeitsplatz gefunden hat.
Warum packt die Familie? Die Familie des Ich-Erzählers kann vom Gehalt des Vaters keine Miete bezahlen, ist abhängig von der Freundlichkeit der Vermieterin; das Bärenfell hat für die Vermieterin hohen Wert; nach der Aktion von Frieda und dem Ich-Erzähler muss sich die Familie eine neue Wohnung suchen.

Seite 37

3.
Z. 1–17: Lebenssituation der Familie und Einführung Walters
Z. 18–24: Walter bekommt Stelle als Reklameträger
Z. 25–38: Walter arbeitet in Bärenkostüm und erweckt Neid
Z. 39–47: Walter gewinnt durch die Stelle an Selbstbewusstsein
Z. 48–64: Arbeitslose Bekannte werfen den Bärenkopf in die Spree
Z. 65–89: Frieda und der Ich-Erzähler schneiden Bärenfell Kopf ab und bringen ihn Walter
Z. 90–97: Vermieterin entdeckt verstümmeltes Bärenfell und ist entsetzt
Z. 98–108: Walter behält Bärenkopf und Stelle; Familie muss ausziehen

5.
Z. 1–17: *Lebenssituation der Familie und Einführung Walters*
Familie wohnt möbliert; kann keine Miete zahlen; Vater – Hilfspräparator; Schwester Frieda – arbeitslos; mittwochs Treffen im Arbeitsamt; Walter wird abgelehnt, weil er anders ist als die anderen; Familie mag Walter
Z. 18–24: *Walter bekommt Stelle als Reklameträger*
Walter bekommt Stelle als Reklameträger, Auswahl aus 40 Bewerbern
Z. 25–38: *Walter arbeitet in Bärenkostüm und erweckt Neid*
Schuhgeschäft hat Bär im Wappen; Walter arbeitet in Bärenkostüm, eignet sich gut für Stelle mit großen Händen und Füßen, schwerfälligem Gang, kleinem Kopf; Erfolg Walters erweckt Neid
Z. 39–47: *Walter gewinnt durch die Stelle an Selbstbewusstsein*
Nach zwei Wochen: neues Selbstbewusstsein Walters durch neuen Arbeitsplatz
Z. 48–64: *Arbeitslose Bekannte werfen den Bärenkopf in die Spree*
Neid anderer Arbeitsloser – Bärenkopf von Walters Kostüm in Spree versenkt – Ich-Erzähler und Frieda beobachten Aktion
Z. 65–89: *Frieda und der Ich-Erzähler schneiden Bärenfell-Kopf ab und bringen ihn Walter*
Walter verzweifelt – Idee Friedas: Abschneiden des Kopfs des Bärenfells der Vermieterin – Walter setzt Arbeit mit neuem Bärenkopf fort
Z. 90–97: *Vermieterin entdeckt verstümmeltes Bärenfell und ist entsetzt*
Vater zeigt Verständnis für Aktion; Vermieterin schreit entsetzt
Z. 98–108: *Walter behält Bärenkopf und Stelle; Familie muss ausziehen*
Walter behält Bärenkopf; Familie verliert Wohnung

Seite 38

6.
Z. 65–73: Frieda ist wütend auf die Freunde des Vaters und entwickelt einen Plan. Sie fordert ihren Bruder auf, Walter zu trösten. Sie selbst will in der Zwischenzeit den Kopf des Bärenfells der Vermieterin abschneiden und so einen Ersatzkopf für Walters Kostüm beschaffen.
Z. 98–107: Walter fragt, ob er den Bärenkopf behalten dürfe. Frieda und der Vater wissen, dass sie mit ihrer Rettungsaktion ihre Wohnung verloren haben, lassen Walter jedoch nichts davon spüren und bejahen seine Frage.

Seite 39

7.
a) Da der Vater das Bärenfell der Vermieterin repariert hat, akzeptiert die Vermieterin verzögerte Mietzahlungen.
b) Die Arbeitslosen versammeln sich mittwochs im Arbeitsamt, um Arbeit zu finden.
c) Nachdem Walter zwei Wochen gearbeitet hat, treffen der Ich-Erzähler und Frieda ihn in einem Gartenlokal.

2. Schreibe eine Zusammenfassung des Films auf der Basis der vorangehenden Nacherzählung. Achte darauf, dass du nur das Wichtigste sachlich und in logischer Reihenfolge wiedergibst. Unterstreiche dazu in der auf S. 24 abgedruckten Nacherzählung zuerst alles, was dir wichtig erscheint.

Abschnitte zusammenfassen

→ SB Seite 70 – 71

Hackes Tierleben: Der Elefant

Heute wollen wir uns vorstellen, wie es wäre, wenn die Elefanten nicht so groß wären, sondern um ein Erhebliches kleiner, sagen wir: wie Schäferhunde. Ja, sprechen nicht viele Gründe dafür, die Schäferhunde überhaupt abzuschaffen und sie durch gleich große Elefanten zu ersetzen?

Erstens wäre es möglich, dass viele Leute, die gern einen Elefanten hätten, ihn aber seines Leibesumfanges wegen in ihren Wohnungen nicht unterbringen und auch nicht in der Lage sind, Tag für Tag 365 Kilogramm Grünfutter herbeizuschaffen, sich ihren Wunsch endlich erfüllten.

Zweitens haben Elefanten gegenüber Hunden offensichtliche Vorteile. Zum Beispiel besitzen Schäferhunde keinen Rüssel und können weder trompeten noch zum Beispiel Bernhardiner mit Wasser bespritzen, noch ihre Herrchen mit jenem wunderbar fagottähnlichen Rüsselblaseton erfreuen, mit welchem Elefanten nur ihre Freunde zu begrüßen pflegen.

Drittens geht, weltweit und erdgeschichtlich betrachtet, der Trend zu kleineren Tieren: Die Saurier sind ausgestorben, mit den Walen dauert es nicht mehr lange, als nächstes wären Elefant und Kollege Nashorn an der Reihe. Und wenn man sich vorstellt, der Verein Deutscher Schäferhundbesitzer würde, statt seine Auflösung zu beschließen, sich Schutz und Förderung des Elefanten zuwenden – ach der Elfenbeinhandel käme schnell zum Erliegen, zumal Stoßzähne von schäferhundgroßen Elefanten kaum groß genug wären, Anlass zur Abschlachtung der Tiere zu bieten.

Viertens: Immer wieder kommt es vor, dass Elefanten aufgestaute Wut über jahrelange Misshandlung abreagieren, indem sie Wärter mit dem Rüssel ergreifen und zu formlosem Brei zerstampfen. Auch zerstören sie mithilfe ihrer mächtigen Körper an den Straßen, die durch die noch existierenden Urwälder führen, Telegrafenstangen und Wegweiser und beeinträchtigen das Gedeihen der Urwälder selbst durch den Verzehr wesentlicher Bestandteile der Bäume. Wärter, Masten, Wälder – wie sollte ein Elefant in Hundegröße ihnen etwas anhaben? […]

Was spricht also gegen die Verkleinerung des Elefanten, gegen seine Aufnahme in unsere Wohn- und Lebensgemeinschaften? Nichts, gar nichts.

Axel Hacke

1. Welche Argumente führt Axel Hacke für seinen Wunsch nach schäferhundgroßen Elefanten an? Fasse jedes Argument in einem Satz zusammen.

Erstens: ______________________________

____

____

____

____

Zweitens: ______________________________

____

____

____

____

Drittens: ______________________________

____

____

____

____

____

____

____

Viertens: ______________________________

____

____

____

____

Heinrich Heine

Belsazar

Die Mitternacht zog näher schon;
In stiller Ruh' lag Babylon.

Nur oben in des Königs Schloss,
Da flackert's, da lärmt des Königs Tross[1].

Dort oben in dem Königssaal
Belsazar hielt sein Königsmahl.

Die Knechte saßen in schimmernden Reihn
Und leerten die Becher mit funkelndem Wein.

Es klirrten die Becher, es jauchzten die Knecht';
So klang es dem störrigen Könige recht.

Des Königs Wangen leuchten Glut;
Im Wein erwuchs ihm kecker Mut.

Und blindlings reißt der Mut ihn fort;
Und er lästert die Gottheit mit sündigem Wort.

Und er brüstet sich frech und lästert wild;
Die Knechtenschar ihm Beifall brüllt.

Der König rief mit stolzem Blick;
Der Diener eilt und kehrt zurück.

Er trug viel gülden Gerät auf dem Haupt;
Das war aus dem Tempel Jehovas[2] geraubt.

Und der König ergriff mit frevler[3] Hand
Einen heiligen Becher, gefüllt bis am Rand.

Und er leert ihn hastig bis auf den Grund
Und rufet laut mit schäumendem Mund:

„Jehova! dir künd' ich auf ewig Hohn, –
Ich bin der König von Babylon!"

Doch kaum das grause Wort verklang,
Dem König ward's heimlich im Busen bang.

Das gellende Lachen verstummte zumal;
Es wurde leichenstill im Saal.

Und sieh! und sieh! an weißer Wand,
Da kam's hervor, wie Menschenhand;

Und schrieb, und schrieb an weißer Wand
Buchstaben von Feuer, und schrieb und schwand.

Der König stieren Blicks da saß,
Mit schlotternden Knie und totenblass.

Die Knechtenschar saß kalt durchgraut,
Und saß gar still, gab keinen Laut.

Die Magier kamen, doch keiner verstand
Zu deuten die Flammenschrift an der Wand.

Belsazar ward aber in selbiger Nacht
Von seinen Knechten umgebracht.

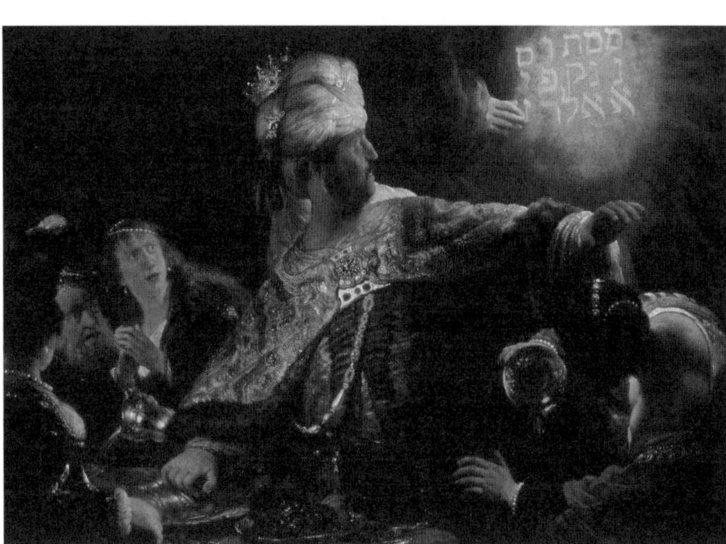

1 Tross: *Gefolge*
2 Jehova: *jüd. Name für Gott*
3 frevel: *verbrecherisch*

1. Die Ballade besteht aus Reimpaaren. Gliedere den Text mithilfe der Überschriften, indem du die zusammengehörenden Reimpaare unterordnest und in Stichpunkten angibst, was jeweils passiert.

Einführung in das Geschehen

Reimpaar 1: ______________________________

____

____

Geschehen

____

____

____

Folgen des Geschehens

____

____

____

2. Erstelle einen Schreibplan für die Zusammenfassung der Ballade, in dem du die W-Fragen stichpunktartig beantwortest. Dabei helfen dir die Stichpunkte aus Aufgabe 1.

Wer? ______________________________

____

Wo? ______________________________

____

Wann? ______________________________

____

Was? ______________________________

____

Wie? ______________________________

____

Welche Folgen? ______________________________

____

____

Textzusammenfassungen vorbereiten

➜ SB Seite 68 – 73

Der Drachen

An kleinen Buam sein Vater zeigt
Wie mühelos a Drachen steigt
Halt man nur immer fest die Schnur

Auf einmal g'spurt er wie er ziagt
Als wollt er, dass er mit ihm fliagt
Es kommt a Windstoß
Und er reißt sich los.
Der Kleine schaut ihm nach und want
Der Vater hat das schon geahnt
Und sagt
„Du muast net traurig sein, mei Bua.
Jetzt wird er fliag'n so hoch er kann
Vielleicht sogar bis in die Sunn.

Da Vater is ihm fremder wordn
Sie gehen auseinand im Zorn
Und die Jahre ziag'n vorbei.
Da Vater war sei Leb'n lang still
Hat nie kriagt was er wirklich will
Doch er will alles hab'n am Besten glei.
Sein bester Freund sagt: „Kein Problem"
Und er hat ihm a paar Tabletten geb'n.
Was Besseres ist nirgendwo zum kriag'n.
Damit wirst fliag'n wia's keiner kann
Vielleicht sogar bis in die Sunn.

Es läutet spät das Telefon.
Der Vater sagt I hab kein' Sohn.
Was will die Polizei?
„Er war als man ihn g'funden hat
Schon mehr als zwei, drei Stunden tot
A Drachen aus Papier lag nebenbei.
D'rauf hat er g'schrieb'n sein Abschiedsbrief
Wenn I des ganz kurz amoe lesen derf
Fangen Sie mit diesem Wortlaut
Etwas an:
I bin so hoch g'flog'n wie i kann
Es hat net g'reicht bis in die Sunn"

nach Rainhard Fendrich

1. Rainhard Fendrich erzählt in seiner Ballade die Entwicklung einer Vater-Sohn-Beziehung über mehrere Jahre hinweg.

a) Ermittle den Bauplan des Textes, indem du die einzelnen Handlungsschritte durch waagrechte Trennlinien voneinander abgrenzt.

b) Verdeutliche dir die zeitliche Abfolge der Ereignisse, indem du sie stichpunktartig im folgenden Zeitstrahl notierst.

Kindheit des Sohnes

Jungendzeit des Sohnes

Zeitstrahl

Jahre später

jetzt

2. Formuliere die Fragen aus und beantworte sie, um dir den Inhalt der Ballade nochmals zu vergegenwärtigen. Unterstreiche die Textpassagen, die dir Hinweise zur Beantwortung geben.

Wer …?	
Wie … … tröstet der Vater den Sohn über den verlorenen Papierdrachen hinweg?	

… ändert sich die Beziehung des Sohnes zum Vater?	
… informiert die Polizei den Vater vom Tod des Sohnes?	
Warum … ändert sich die Beziehung zwischen Vater und Sohn?	
… schreibt der Sohn dieselben Worte des Vaters über den Drachen auf seinen Abschiedsbrief?	

3. Einige Inhalte der Ballade lassen sich nur indirekt erschließen. Suche die Zeilen, die zu den folgenden Aussagen passen.

1. Der Vater führt ein angepasstes Leben, ohne sich seine Wünsche zu erfüllen. Der Sohn sucht ungeduldig nach einem erfüllten, glücklichen Leben.

   Zeilen: ____________________

2. Auf der Suche nach Glück greift der Sohn zu Drogen.

   Zeilen: ____________________

3. Der Sohn begeht Selbstmord.

   Zeilen: ____________________

Meisterprüfung

→ SB Seite 74 – 79

1. Lies dir folgenden Text genau durch, bevor du die Aufgaben auf Seite 36 ff. bearbeitest.

Walters Errettung

Wir wohnten damals möbliert. Eigentlich hätten wir längst schon ausziehen müssen aus unserem Zimmer; das Geld, das Vater im Museum als Hilfspräparator verdiente, reichte gerade fürs Essen. Aber Vater hatte der Wirtin das Bärenfell im Wohnzimmer repariert, und zwar kostenlos; da sah sie uns einiges nach. Nur Frieda mochte sie nicht so recht leiden; denn Frieda hatte ihre Stelle verloren und saß nun fast immer zu Hause; doch das war schließlich nicht Friedas Schuld.
Außerdem waren ja auch noch viel mehr Leute arbeitslos, fast alle von Vaters Freunden, zum Beispiel. Mittwochs versammelten sie sich immer alle im Arbeitsamt. Die anderen mochten Vater gut leiden. Nur eins verstanden sie nie: dass Vater Walter so sehr in Schutz nahm. Walter, sagten sie, wäre nicht ganz richtig im Kopf. Aber Vater behauptete, niemand wäre normaler als Walter, und ich und Frieda fanden das auch. Denn dass Walter so große Hände und Füße und einen so kleinen Kopf hatte, da konnte er doch nichts für.
Einmal war große Aufregung im Arbeitsamt, und sie schimpften alle auf Walter. Ein Schuhgeschäft hatte einen Reklameträger gebraucht, und unter den rund vierzig Bewerbern war ausgerechnet Walter ausgewählt worden.
Wir rieten lange herum, wie Walter das geschafft haben könnte; doch erst durch einen Zufall bekam es Vater heraus: Er traf Walter im Dienst.
Er hätte wie ein Bär ausgesehen, berichtete Vater; man hätte ihn nur an den zu großen Füßen erkannt. Das Schuhgeschäft hatte nämlich einen Bären im Wappen, und da war man auf die Idee gekommen, jemanden in ein Bärenfell zu stecken und mit einem Schild auf dem Rücken herumlaufen zu lassen. Niemand, erzählte Vater, und man hörte deutlich die Genugtuung in seiner Stimme, niemand hätte sich dazu so hervorragend geeignet wie Walter mit seinem schwerfälligen Gang, dem winzigen Kopf und den viel zu großen Händen und Füßen.

Die anderen waren lange nicht so begeistert von Walters Erfolg. Sie sagten, es wäre ein Skandal; wenn man als Bär ginge, müsste man doch wenigstens den Grips eines Bären haben; Walter aber hätte bestenfalls den Grips eines Kaninchens.

„Neid", sagte Vater, „der pure Neid."

Walter hatte seinen Posten etwa zwei Wochen bekleidet, da trafen wir ihn in einem Gartenlokal. Wir setzten uns zu ihm und Frieda fragte ihn, ob das nicht zu anstrengend wäre, dauernd in so einem Fell rumzulaufen. Das schon, sagte Walter; aber die Sicherheit, die er dadurch erhielte, die wöge das wieder auf. Tatsächlich war er auch irgendwie verändert. Er wirkte lange nicht mehr so schüchtern wie früher. Vater verstand Walter gut. „Dieses Kostüm", sagte er, „gibt ihm sein Selbstbewusstsein zurück."

Die anderen verstanden Walter längst nicht so gut; und sie wollten ihn auch gar nicht verstehen. Im Gegenteil, sie behaupteten, jetzt wäre er auch noch eingebildet geworden. Walter müsste mal gründlich eine aufs Dach kriegen, das wäre alles.

Vater gab jetzt noch mehr auf Walter Acht als sonst. Aber er konnte ihm ja nicht auf Schritt und Tritt nachlaufen; und so kam es, dass es den anderen eines Tages doch mal gelang, sich an Walter heranzumachen.

Es war Abend. Frieda sah sie zuerst. „Mensch", sagte sie, „die haben Walter den Kopf geklaut! Sieh nach, wo sie ihn hintun!" Ich rannte ihnen auch gleich nach. Ein paar Straßen weiter sah ich sie dann auf unbeteiligt mimen und zur Spree runter schlendern, und plötzlich hob der, der den Kopf trug, sich auf die Zehen und warf ihn ins Wasser.

Ich dachte, das Herz bliebe mir stehen vor Schreck; ich wollte schreien, doch es ging nicht, ich sah bloß immer ins Wasser, wo der Kopf untergetaucht war. Dann schlich ich zurück.

Frieda kam mir entgegen. „Na?", frage sie aufgeregt. Ich sagte ihr, was passiert war. „Großer Gott", sagte sie, „und Walter sitzt in dem Gartenlokal und traut sich nicht raus." Ich heulte. „Diese Meute!", sagte Frieda; „diese gottverdammte Meute! Hör auf zu heulen!", schrie sie mich an. „Pass auf", sagte sie dann, „du sagst Walter Bescheid, er soll sich noch ein bisschen gedulden, und ich gehe inzwischen nach Hause und schneide den Kopf vom Wohnzimmerbärenfell ab."

Ich fand die Idee großartig; Frieda hatte eigentlich immer großartige Ideen.

Walter hatte schon abgeschlossen. Er sah aus seinem Bärenfell raus wie ein uraltes Baby, das man in eine Ritterrüstung gesteckt hatte. Ich sagte ihm, was wir planten, und rannte nach Hause. Frieda war bereits an der Arbeit; zum Glück war die Wirtin ins Kino gegangen. Das Fell war so zäh, dass wir fast alle Küchenmesser stumpf machten; aber dann hatten wir den Kopf schließlich doch abgetrennt. Wir taten den Kopf in einen Sack, und ich lud ihn mir auf die Schulter und rannte los.

Walter hatte sich im hintersten Winkel des Gartenlokals verkrochen; Gott sei Dank hatte ihn noch niemand entdeckt. Ich packte den Kopf aus, und wir probierten ihn auf. Wenn Walter die Mütze aufbehielt, passte er tadellos.

Walter erhob sich und trat in seinem schwerfälligen Gang raus auf die Straße; jeder Zoll ein Bär; nur das Schild auf dem Rücken störte ein bisschen.

Als ich nach Hause kam, hatte Frieda es Vater schon erzählt. Aber Vater war nicht böse auf uns; er sagte, er hätte es genauso gemacht. Wir waren sehr froh, dass er es so sah; jetzt kam nur alles darauf an, wie die Wirtin es aufnahm. Wir hörten, wie die Wirtin zur Tür ging und öffnete. Im selben Augenblick ertönte ein markerschütternder Schrei, man hörte taumelnde Schritte, eine Tür fiel ins Schloss, darauf wieder Stille. Wir brauchten erst einen Moment, ehe wir uns etwas erholt hatten. Dann gingen wir raus.

Eine Schar Kinder stand draußen. Vor ihnen stand Walter; er hatte sein Bärenkostüm an und war gerade dabei, sich den Kopf abzunehmen. „Puh", sagte er, als er ihn abhatte, „der drückt aber doch noch ein bisschen. Was war denn eben mit der? Ich hab sie doch nicht etwa erschreckt?" „Nicht so schlimm", sagte Frieda und schneuzte sich, „lass nur." „Trotzdem", sagte Walter. „Der Kopf ist prima. Ich darf ihn doch erst mal behalten?" Vater und Frieda sahen sich an.

„Ja", sagte Vater dann langsam, „ich denke, den kannst du jetzt erst mal behalten."

Dann gingen wir rein und begannen zu packen.

Wolfdietrich Schnurre

2. Folgende W-Fragen können dir helfen, dir den Inhalt von Schnurres Erzählung nochmals zu vergegenwärtigen. Beantworte sie in Stichpunkten.

Wo?: An welchen Schauplätzen spielt sich das Geschehen ab?

____

____

Wer?: Welche Personen sind die Handlungsträger der Erzählung und wie stehen diese zueinander?

____

____

____

____

Was?: Was passiert auf dem Arbeitsamt?

____

____

____

Wie?: Wie verändert sich Walter, nachdem er seine neue Stelle angetreten hat?

____

____

____

Wie helfen der Ich-Erzähler und Frieda ihrem Freund Walter?

____

____

____

Wie reagiert die Vermieterin des möblierten Zimmers?

____

____

____

Warum?: Warum werfen Bekannte des Vaters den Bärenkopf in die Spree?

____

____

____

Warum packt die Familie des Ich-Erzählers am Ende der Geschichte?

____

____

____

3. Gliedere die Erzählung „Walters Errettung“ in einzelne Sinnabschnitte.
a) Markiere die Sinnabschnitte durch waagerechte Linien im Text.
b) Formuliere eine Überschrift für jeden Sinnabschnitt und trage diese in die leeren Zeilen neben dem Text ein.

4. Bearbeite den Text wie folgt:
Streiche ausschmückende Einzelheiten, markiere wichtige Aussagen des Textes und ergänze indirekt angedeutete Inhalte in den Zeilen neben dem Text.

5. Erstelle mithilfe deiner Ergebnisse aus Aufgabe 4 einen gegliederten Stichwortzettel zu Schnurres Erzählung.

Wolfdietrich Schnurre

zu Absatz Zeile … bis …

Überschrift: ______________________________

Stichworte: ______________________________

____

____

zu Absatz Zeile … bis …

Überschrift: ______________________________

Stichworte: ______________________________

____

____

zu Absatz Zeile … bis …

Überschrift: ______________________________

Stichworte: ______________________________

____

____

zu Absatz Zeile … bis …

Überschrift: ______________________________

Stichworte: ______________________________

____

____

zu Absatz Zeile … bis …

Überschrift: ______________________________

Stichworte: ______________________________

____

____

zu Absatz Zeile … bis …

Überschrift: ______________________________

Stichworte: ______________________________

____

____

zu Absatz Zeile … bis …

Überschrift: ______________________________

Stichworte: ______________________________

____

____

zu Absatz Zeile … bis …

Überschrift: ______________________________

Stichworte: ______________________________

____

____

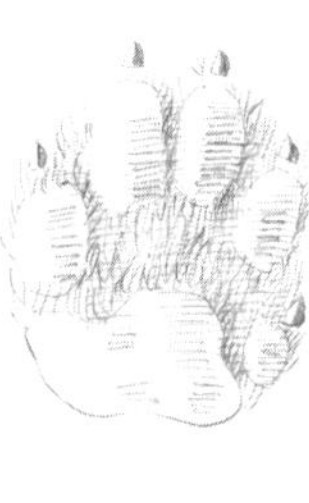

6. In Schnurres Erzählung gibt es viele Redepassagen. Forme die Zeilen 65 – 73 und 98 – 107 in indirekte Rede um oder wähle die verkürzte Redewiedergabe.

Z. 65 – 73: ______________________________

____

____

____

____

____

____

____

____

Z. 98 – 107: ______________________________

7. Verbinde die folgenden Sätze und mache so Zusammenhänge deutlich.

a) Der Vater hat das Bärenfell der Vermieterin repariert. Die Vermieterin akzeptiert verzögerte Mietzahlungen.

b) Die Arbeitslosen versammeln sich mittwochs im Arbeitsamt. Sie wollen Arbeit finden.

c) Walter arbeitet zwei Wochen. Der Ich-Erzähler und Frieda treffen ihn in einem Gartenlokal.

d) Walter leistet als Reklameträger gute Arbeit. Die Bekannten reden schlecht über ihn.

e) Der Ich-Erzähler tröstet Walter. Frieda läuft nach Hause, um den Bärenkopf abzuschneiden.

f) Die Vermieterin kommt vom Kinobesuch nach Hause. Die Familie hört entsetztes Schreien.

Sprache verstehen und verwenden

Wortarten

➜ SB Seite 82/83

1. Bestimme die **Wortart jedes Wortes** der folgenden Sätze genau. Schreibe die Bestimmung jeweils unter das betreffende Wort.

Als ich endlich nach Hause kam, schlief

Kon-junktion Personal-pronomen

Jan immer noch. Und das Allerschlimmste:

Meine Schwester wachte neben seinem Bett.

Mit kummervollem Blick betrachtete sie das

Gesicht unter der märchenhaften Mähne und

zischte, ich solle leise sein.

Dann wollte sie wissen, wer Jan so

zugerichtet habe. Das konnte

ich ihr nicht sagen.

Peter Pohl, Jan, mein Freund

2. Finde zu den verschiedenen Arten von **Pronomina** jeweils die deutsche Bezeichnung und ordne ihnen die Beispiele aus dem Wortspeicher zu:

Personalpronomen

(____________________): ____________________

Possessivpronomen

(____________________): ____________________

Demonstrativpronomen

(____________________): ____________________

Reflexivpronomen

(____________________): ____________________

Relativpronomen

(____________________): ____________________

Interrogativpronomen

(____________________): ____________________

Indefinitpronomen

(____________________): ____________________

wir
ich
euer
uns
unsere
jener
was
meiner
wer
welcher
dieser
sich
irgendwas
mich
jemanden
welchen
man
das (da)

3. Steigere, wenn dies möglich ist, die folgenden **Adjektive** und benenne die Steigerungsformen mit dem Fachbegriff:

Positiv (Grundstufe)	__________ (I. Steigerungsstufe)	__________ (II. Steigerungsstufe)
schlimm		
neugierig		
schwarz		
märchenhaft		
leise		

4. Bestimme die Wortart der unterstrichenen Wörter genau. Wodurch unterscheidet sich „aber“ von den drei anderen Wörtern? Überlege in diesem Zusammenhang, welche Art von Sätzen die Wörter jeweils einleiten. Finde weitere Wörter für die beiden Gruppen, die sie jeweils repräsentieren.

Es ist ziemlich peinlich, wenn man weiß, dass man rot wird, „aber“ inzwischen war ich soweit, dass es mir piepegal gewesen wäre, Hauptsache, Jan tauchte auf.

____

____

____

____

5. Sammle **Verben** des Ausruhens und Schlafens. Ordne sie dann in Gruppen zusammen.
Eine Gruppe von Wörtern gibt z. B. Phasen des Schlafens wieder. In einer anderen Gruppe geht es um die Tiefe des Schlafs. Die dritte Gruppe beinhaltet umgangssprachliche Ausdrücke für „schlafen".

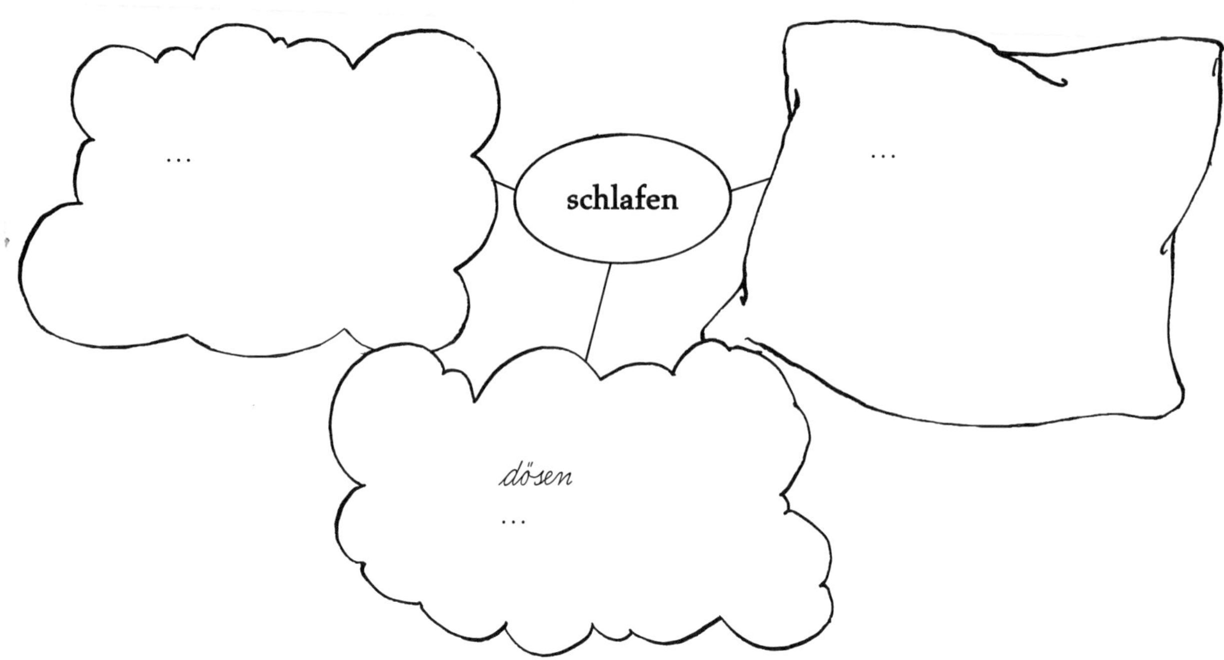

6. Notiere verschiedene **Präpositionen**, die den Dativ und den Akkusativ nach sich ziehen, jeweils mit einem Beispiel.

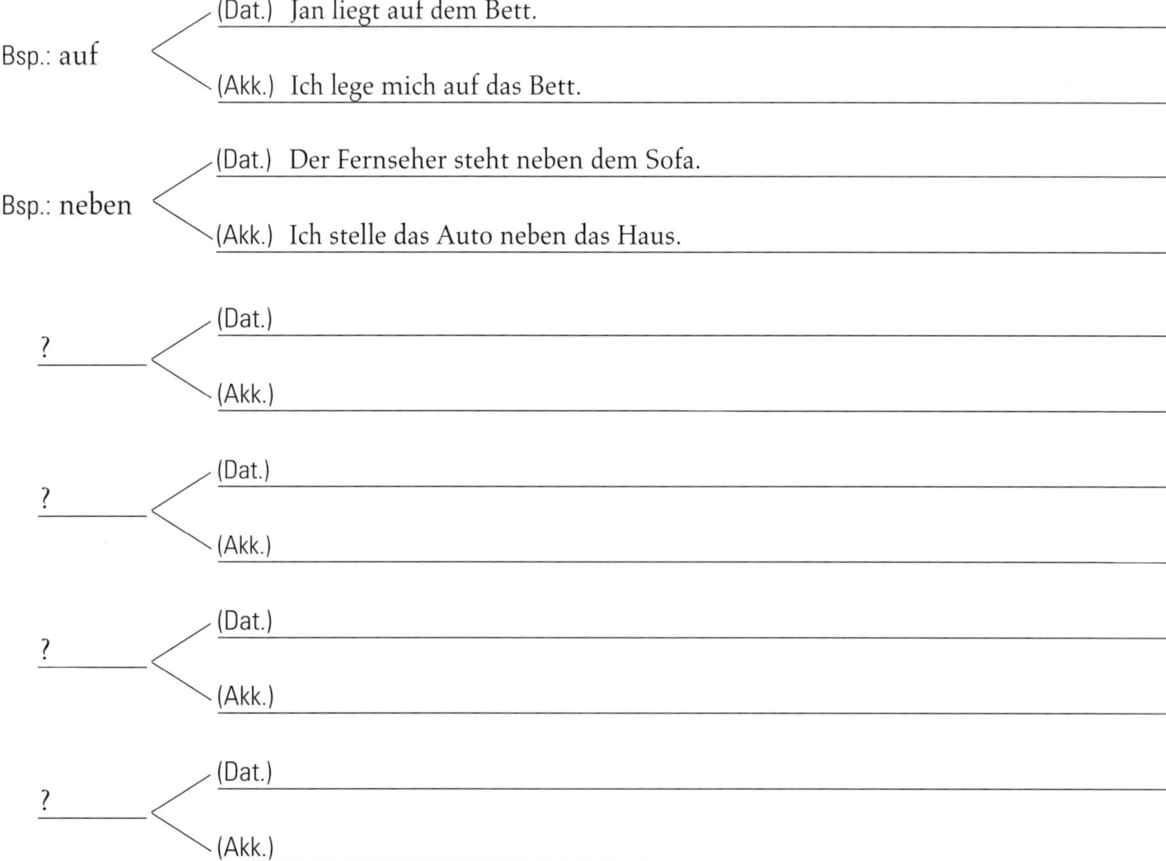

Bsp.: auf
(Dat.) Jan liegt auf dem Bett.
(Akk.) Ich lege mich auf das Bett.
Bsp.: neben
(Dat.) Der Fernseher steht neben dem Sofa.
(Akk.) Ich stelle das Auto neben das Haus.
?
(Dat.)
(Akk.)
?
(Dat.)
(Akk.)
?
(Dat.)
(Akk.)
?
(Dat.)
(Akk.)

Syntaktische Grundmuster

→ SB Seite 86/87

Da erinnerte mich meine geliebte Schwester daran, dass sie ein mindestens gleich großes Anrecht auf dieses Zimmer habe wie ich, und ich solle den Mund halten und froh sein, dass sie mich in ihrem Zimmer wohnen lasse und mich nicht zu Vater und Mutter schicke. Sie befinde sich jetzt nämlich in einem Alter, wo man sich nicht mehr mit der Tatsache abfinden müsse, das Zimmer mit dem kleinen Bruder zu teilen.

Peter Pohl wurde 1940 in Deutschland geboren und lebt seit 1945 in Schweden

1. Formuliere die folgenden Aussagesätze aus dem kurzen Text oben jeweils in eine Wortfrage und in eine Satzfrage um. Das Satzglied, nach dem in der Wortfrage gefragt werden soll, ist jeweils in Klammern angegeben.

Beispiel: *Sie befindet sich in einem bestimmten Alter.*
Satzfrage: Befindet sie sich in einem bestimmten Alter?
Wortfrage: Wer befindet sich in einem bestimmten Alter?

Meine geliebte Schwester erinnerte mich daran.

Satzfrage: ______________________________

Wortfrage (Präp.-Objekt): ______________________________

Sie hat ein mindestens gleich großes Anrecht auf dieses Zimmer wie ich.

Satzfrage: ______________________________

Wortfrage (Subjekt): ______________________________

Ich soll den Mund halten.

Satzfrage: ______________________________

Wortfrage (Subjekt): ______________________________

Ich soll froh und dankbar sein.

Satzfrage: ______________________________

Wortfrage (Subjekt): ______________________________

Sie lässt mich in ihrem Zimmer wohnen.

Satzfrage: ______________________________

Wortfrage (Adverbiale des Ortes): ______________________________

Sie muss sich nicht mehr mit der Tatsache abfinden, ihr Zimmer zu teilen.

Satzfrage: ______________________________

Wortfrage (Präp.-Objekt): ______________________________

2. Der folgende Text besteht nur aus Hauptsätzen. Schreibe ihn in einen flüssiger lesbaren Text um, indem du an mehreren Stellen Hauptsätze in Nebensätze verwandelst.

Endlich war Jan fertig. Wir schwangen uns auf unsere Räder und fuhren im Bienenschwarm nach Liljeholmspan und wieder zurück. Wir kamen an. Wir hatten einen neuen schwedischen Weltrekord aufgestellt und atmeten sportlich zehn Liter Sauerstoff pro Sekunde. Alle keuchten bis auf Jan. Jan lachte nur lässig, winkte und verschwand in Richtung Götgatan. Keiner hatte Zeit gefunden, ihm eine Frage zu stellen. Er verschwand ganz in seinem alten Stil. Den Stil kannten wir alle nur allzu gut. Auf seinem erstaunlichen Fahrrad fuhr er in seinen Tangerinohosen den Götgatan hinunter. Wir sollten ihn nicht mehr erreichen. Er fuhr so schnell wie der Wind.

nach Peter Pohl, Jan, mein Freund

3. Entwirre die folgenden Sätze, ohne dass die logischen Zusammenhänge, die die Konjunktionen vorgeben, verloren gehen:

- Jan schlief und schlief, so dass ich den Teppich, um mich selbst auch schlafen legen zu können, zu einer Matratze, die ich neben das Bett legte, zusammen faltete.

- Ich hörte, wie meine Eltern den Fall, bei dem es sich um Misshandlung handelte, derentwegen die Polizei benachrichtigt werden müsse, diskutierten.

Kommasetzung

→ SB Seite 88/89

1. In dem folgenden Text sind alle Kommas gesetzt; sowohl die, die auf jeden Fall stehen müssen, als auch die, die wegfallen könnten. Entscheide in jedem Fall, ob das Komma stehen muss oder ob es auch wegfallen könnte. Begründe dein Urteil jeweils mit der passenden Regel.

Auf dem Absatz zwischen Abschnitt eins und zwei, dem holprigen Absatz von zweihundertfünfzig Zentimetern Länge, erkannten wir Jans Technik. Auf dieser kurzen Strecke beschleunigte er so stark, dass das Fahrrad nicht vornüber kippen konnte, als das Vorderrad über die nächste Kante schoss. So blieb das Fahrrad nicht, wie befürchtet, mit den Pedalen an den Stufen hängen. Jan ließ das Vorderrad in der Luft, bis das Hinterrad an die Treppenkante gekommen war. Dann musste er eine Vollbremsung mit der Handbremse fürs Hinterrad gemacht haben, denn plötzlich kippte das Fahrrad nach unten, und das Vorderrad knallte auf die Treppe. Da platzte, völlig unvorbereitet, der Vorderreifen mit einem scharfen Kanonenschlag. Jan hatte sich verrechnet! Wir sahen das Spiel schon als verloren an, doch er federte weiter.

Peter Pohl, Jan, mein Freund

2. In den folgenden Sätzen könnte jeweils an unterschiedlicher Stelle ein Komma gesetzt werden, wodurch sich ein unterschiedlicher Sinn ergibt. Zeige jeweils die beiden Möglichkeiten und erkläre den Bedeutungsunterschied.

a) Jan versprach seinem Bruder heute das Fahrrad zu kaufen.

____

____

b) Sabine versprach jeden Tag weniger zu arbeiten.

____

____

c) Mein Vater riet den Nachbarn den Vorfall zu melden.

____

____

3. Setze in den folgenden Text alle fehlenden Kommas ein. Klammere die ein, die nicht unbedingt stehen müssen.

An der Stelle wo Swedenborgsgatan in Adolf-Fredriks-Torg mündet pflegte die Bande ab und zu Station zu machen um sich das Vergnügen zu gönnen ein wenig wütend zu sein. In dieser Gegend wohnten nämlich die feinen Pinkel und die sollten sich lieber woanders niederlassen wo sie niemanden stören. Wenn daher der mächtige Mercedes-Benz-mit-eigenem-Chauffeur an den Rand des Gehwegs heranglitt begannen die Kommentare zu hageln und sie hagelten weiter während die feinen Pinkel einen kurzen Augenblick lang die Beine benützten um sich zur Haustür zu bewegen. Am allermeisten hagelte es natürlich auf den blassen Musterknaben in unserem eigenen Alter der mit gesenktem Blick durch die Hagelschauer eilte.

Die feinen Pinkel ergriffen keine Maßnahmen um uns entfernen zu lassen wir waren ein Phänomen das ab und zu auftauchte solange wir nicht zu Handgreiflichkeiten übergingen nicht weiter beachtenswert und das taten wir nie. Pecka der immer noch ziemlich kindisch ist klappte einmal ein paar Klingen aus seinem Taschenmesser heraus um damit an irgendeinem erlesenen Automodell entlangzuspazieren doch das verboten wir ihm einhellig.

Peter Pohl, Jan, mein Freund

4. a) Wie unterscheiden sich die mit den beiden Beispielsätzen beschriebenen Situationen?

- Meine Mutter stand gerade auf der Bühne als Großmutter, schimpfte und heulte.
- Meine Mutter stand gerade auf der Bühne, als Großmutter schimpfte und heulte.

b) Bestimme die beiden Sätze in ihrer Zusammensetzung aus Haupt- und Nebensatz.

Satzglieder

→ SB Seite 90 – 97

1. Bestimme im folgenden Text die Satzglieder, indem du sie durch senkrechte Striche voneinander abtrennst und bei den ersten vier Sätzen (bis: was los war) die jeweiligen Bezeichnungen darunter schreibst.

Mitten in der Nacht | wachte | ich | auf. Ich machte
Adverbiale (temporal)
Licht. Jan saß im Bett, er sah sich verwirrt um.

Es wurde hell, er erkannte mich und das Zimmer.

Da kapierte er, was los war. Er fragte, wie spät es

sei, und begann davon zu faseln, dass er nach Hause

müsse, doch da wandte ich ein: „Bleib bis zum

Morgen, das sind nur ein paar Stunden." Ganz ver-

nünftiger Gedanke, meinte Jan, aber er müsse jetzt

dringend hinaus. Ich begleitete ihn. Vielleicht war

er wackelig auf den Beinen, brauchte er Gesellschaft.

Seine Schuhe waren verschwunden. Meine Mutter

musste sie versteckt haben. Sie wollte ihn am

Ausreißen hindern. Ich lieh ihm die Latschen meiner

Schwester, und dann schlichen wir in den Hof

hinunter.

2. Unterstreiche in den folgenden Sätzen die Nebensätze und gib dann jeweils an, ob es sich um Subjektsätze oder Objektsätze handelt.

Dass er wieder zurück ist, beruhigt mich.	☐ Subjektsatz	☐ Objektsatz
Jan meint, dass gar nichts passiert sei.	☐ Subjektsatz	☐ Objektsatz
Ich frage mich, ob das Problem gelöst werden kann.	☐ Subjektsatz	☐ Objektsatz
Er hilft, wem er will.	☐ Subjektsatz	☐ Objektsatz
Ich warte darauf, dass er endlich redet.	☐ Subjektsatz	☐ Objektsatz
Ich will nicht, dass du mich belügst.	☐ Subjektsatz	☐ Objektsatz
Dass Peter gestohlen haben soll, erschreckt mich.	☐ Subjektsatz	☐ Objektsatz
Wer häufig lacht, lebt gesünder.	☐ Subjektsatz	☐ Objektsatz

3. Wandle in den folgenden Sätzen die unterstrichenen Wendungen in etwa sinngleiche Nebensätze um und bestimme, ob es sich jeweils um einen Subjekt- oder Objektsatz handelt. In manchen Fällen verändert sich auch der übrige Satz etwas.

Bsp.: <u>Seine Lügen</u> konnte ich ihm nie verzeihen. <u>Dass er gelogen hatte, konnte ich ihm nie verzeihen</u>.	☐ Subjektsatz	☒ Objektsatz
Ich erwarte <u>eine Antwort</u>.	☐ Subjektsatz	☐ Objektsatz
<u>Deine Absage</u> erschreckt mich.	☐ Subjektsatz	☐ Objektsatz
Ich wundere mich <u>über dein Vorgehen</u>.	☐ Subjektsatz	☐ Objektsatz
<u>Unsere Freundschaft</u> ist fraglich geworden.	☐ Subjektsatz	☐ Objektsatz
<u>Lügner</u> sind unglaubhaft.	☐ Subjektsatz	☐ Objektsatz
<u>Deine Überlegungen</u> sind mir völlig unverständlich.	☐ Subjektsatz	☐ Objektsatz

Adverbiale Bestimmungen

➜ SB Seite 88 – 103

1. Füge im folgenden Text in die Lücken jeweils die passende Adverbiale aus dem Wortspeicher unten ein und benenne jeweils ihre Sinnrichtung (nach dem vorgegebenen Beispiel):

Dort (lokal) frage ich ______________, was ihm ______________ zugestoßen sei, aber Jan glitt mit einem „Was denn?" davon. Ihm sei eigentlich gar nichts passiert. Ach so, das Blaue, das Gestreifte, das Geschwollene. Das sei ______________ gar nichts. Er sei ______________ mit einem Alki zusammengestoßen. Das klang nicht sehr überzeugend, aber ich verkniff es mir ______________ zu sagen: Jan, das haut nicht hin. Ich verkniff es mir ______________, um ihm nicht ______________ zu zeigen, wie sehr es mir weh tat, dass er ______________ log. Wenn es ______________ hell gewesen wäre, hätte er es mir ______________ angesehen, aber ______________ war es dunkel, und zu hören bekam er es nicht. Er log, das war ganz klar. Um das Brennen ______________ zu lindern, sagte ich mir, dass er für seine Lüge sicher ganz wichtige Gründe haben müsse.

- vollkommen
- etwas
- ganz vorsichtig
- hier
- allzu deutlich
- in diesem Augenblick
- sicherlich
- auf Götgatan
- deutlich
- dauernd
- draußen

2. Ersetze im folgenden Text die unterstrichenen präpositionalen Wendungen durch Adverbien, ohne den Sinn zu verändern. Wie wirkt der Text jeweils auf dich?

<u>Auf diese Weise</u>(1) kann man <u>bei Nacht</u>(2) <u>im Freien</u>(3) stehen und versuchen, sich selbst etwas vorzumachen. Aber die schrille Frage „Warum?" lässt sich <u>trotz dieser Überlegungen</u>(4) nicht ersticken. Auch Schweigen kann beredt sein. Als ich nichts sagte, fragte Jan mich nämlich, ob ich ihm nicht glaube. Und ich konnte ja nicht <u>mit gutem Gewissen</u>(5) antworten, klar glaube ich dir, Jan, warum sollte ich dir nicht glauben, wir sind doch dicke Freunde, und die verschweigen sich doch nichts. Aber in mir brannte es wie Feuer, und irgendetwas schrie, <u>in genau dieser Weise</u>(6) müsse es ja sein, dicke Freunde dürften sich <u>zu keinem Augenblick</u>(7) etwas verschweigen. Je fester ich schwieg, desto schlimmer brannte es <u>in mir</u>(8). In der Brust, im Hals. Was war das nur, das so weh tat?

(1) ______________ (5) ______________

(2) ______________ (6) ______________

(3) ______________ (7) ______________

(4) ______________ (8) ______________

3. Setze im folgenden Text die Konjunktionen aus dem Wortspeicher ein und benenne jeweils die Sinnrichtung der entstandenen Nebensätze.

- wenn
- als
- um (… zu)
- damit
- wenn
- indem
- weil
- obwohl
- obwohl
- als

Jan kam zurück, ____________ (1) ich plötzlich seine Hände auf dem Gesicht spürte. „Mensch, Krille, du flennst ja." Nicht einmal, ____________ (2) es Nacht ist, hat man seine Ruhe, schrie ich, ____________ (3) ich seine Hände wegschleuderte. ____________ (4) ich eigentlich etwas ganz anderes wollte. Jan murmelte etwas ____________ (5) wir wieder hinauf schlichen. Im Flur unterließ er es, sich umzudrehen, ____________ (6) er nicht mein Gesicht im Licht checken musste. Dafür war ich dankbar. Er wollte auf dem Boden pennen, ____________ (7) er mir wieder mein gutes Bett überlassen wollte, doch das ließ ich nicht zu. Jan wälzte sich hin und her ____________ (8) eine gute Schlafstellung zu finden. ____________ (9) ich selbst nicht besonders müde war, verhielt ich mich ganz still, das ist das Beste, ____________ (10) man hart liegt.

Sinnrichtung:

(1) ____________ (5) ____________

(2) ____________ (6) ____________

(3) ____________ (7) ____________

(4) ____________ (8) ____________

(5) ____________ (10) ____________

4. Füge jeweils einen Teilsatz der Sätze 1 – 5 mit einem Teilsatz der Sätze a – e so zusammen, dass ein sinnvolles Satzgefüge entsteht. Wähle dafür eine jeweils passende Konjunktion.

1. Wir wollen ins Theater gehen.
2. Jan geht zur Schule.
3. Jan liegt im Bett.
4. Wir fahren in Urlaub.
5. Sabine und Alex haben sich getrennt.

a) Er ist krank.
b) Die Arbeit ist fertig.
c) Sie verstehen sich nicht mehr.
d) Er ist krank.
e) Das Stück ist interessant.

____

____

____

____

____

____

____

____

Attribute

→ SB Seite 104 – 105

1. Gestalte den Inhalt des folgenden Textes anschaulicher, indem du ihn neu schreibst und bei den hervorgehobenen Substantiven passende Attribute einfügst.

Die **Wohnung** roch nach **Gesprächen und Fragen**. Ich hätte Jan vielleicht lieber nicht mit meiner **Mutter** allein lassen sollen. Ich werde mit ihr fertig, weil ich ihre **Methoden** ja kenne. Aber wenn sie ihren **Frageapparat** erst einmal in Gang gesetzt hat, kann sie aus einer Miesmuschel die Wahrheit herauspressen, ohne dass die merkt, was läuft.

2. Unterstreiche im folgenden Text alle Attribute und ordne sie in die unten stehende Tabelle ein.

Die Jungs waren völlig unvorbereitet und zuckten merklich zusammen, als ich mit Jan herauskam. Es hagelte nur so unangenehme Fragen, aber Jan legte sein gekünsteltes Grinsen auf, der augenblickliche Zustand seiner Lippen erlaubte wohl nichts anderes, und er tischte ein weiteres Mal die Geschichte des torkelnden Alki auf. Für diese Fassung der Story hatte er sich offensichtlich entschieden. Er stand da und schob sein Fahrrad, das er ja immer bei sich hatte, hin und her, er, der ganz offensichtlich lieber woanders gewesen wäre, irgendwo, wo kein Mensch ihm dumme Fragen stellte. Als kurz darauf der heftigste Regenschauer aller Zeiten ihn erhörte, nahm er die Gelegenheit wahr und verduftete.

Genitiv-Attribut	Adjektiv- (bzw. Partizipial-) Attribut	Relativsatz als Attributsatz

3. Wandle in den folgenden Sätzen jeweils die unterstrichenen Attribute in die angegebene Attributform um. Versuche den Sinn möglichst genau zu erhalten. Überlege, ob manchmal die eine oder andere Variante stilistisch besser ist.

a) Jan mit seinem wütenden Gesichtsausdruck macht mir Angst.

Relativsatz: ______________________________

____

b) Ich freue mich über Jans Rückkunft, die ich nicht erwartet hatte.

Partizipial-Attribut: ______________________________

____

c) Heute ist der Tag, nach dem ich mich lange gesehnt habe.

Adjektiv- und Partizipial-Attribut: ______________________________

____

d) Wenn Kinder müde sind, sollten sie schlafen.

Adjektiv-Attribut: ______________________________

____

e) Das schönste Fest, das in diesem Sommer stattgefunden hat, war eure Hochzeit.

Genitiv-Attribut: ______________________________

____

f) Der Mann, der im Flur steht, ist unser Deutschlehrer.

Präpositional-Attribut: ______________________________

____

4. Adverbial oder Attribut? Bestimme die unterstrichenen Wörter.

a) Die Nase hatte oben eine kleine Narbe.

oben ________________ kleine ________________

b) Man sah sie zunächst eigentlich kaum.

zunächst ________________ kaum ________________

c) Doch bei genauerem Hinsehen konnte man sie schwerlich übersehen.

genauerem ________________ nicht ________________

Indirekte Rede

→ SB Seite 106 – 111

1. Setze folgende Sätze in die indirekte Rede. Ergänze ein passendes redeeinleitendes Verb aus dem Wortspeicher unten.

Bsp.: *Mutter zur Tochter: „Räume bitte dein Zimmer auf."*
Mutter ermahnt die Tochter, dass sie ihr Zimmer aufräumen solle.

a) Peter zu Jan: „Du solltest nicht immer so schnell fahren."

____

____

b) Jan zu der Bande: „Der Boden ist zu heiß. Wir müssen uns eine andere Stadt suchen."

____

____

c) Der Arzt zum Patienten: „Wenn Sie so weitermachen, werden Sie bald die Quittung für Ihren Lebenswandel bekommen."

____

____

d) Der Personalchef zum Betriebsleiter: „Wenn wir noch mehr Leute entlassen, sinkt die Motivation der anderen Kollegen auch immer weiter."

____

____

e) Der Autoverkäufer zum Kunden: „Sie haben ein wesentlich leistungsstärkeres Auto, wenn Sie das Modell mit dem größeren Hubraum kaufen."

____

____

f) Die Lehrerin zur Mutter einer Schülerin: „Lassen Sie Ihre Tochter jetzt erst mal in Ruhe. Die Leistungen werden von alleine wieder besser."

____

____

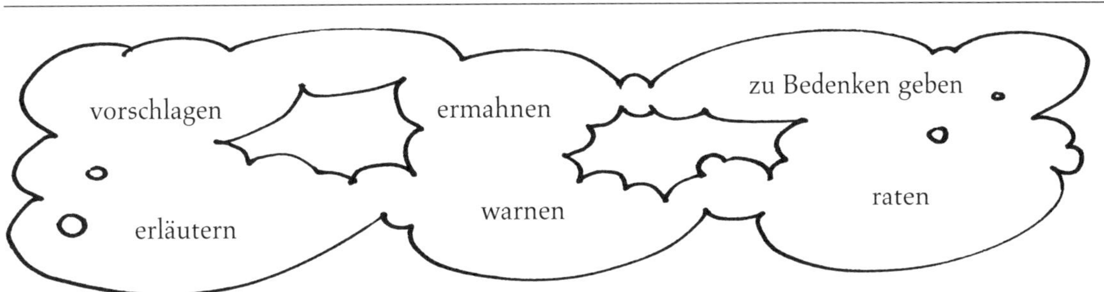

2. Die Schulleitung und der Elternbeirat am Riemenschneider-Gymnasium in München haben den Skikurs aus dem Programm gestrichen. Das folgende Gespräch, das hier in indirekter Rede wiedergegeben ist, fand nach Bekanntgabe dieser Entscheidung im Pausenhof der Schule statt. Wandle das Gesprächsprotokoll in die direkte Rede um. Achte dabei auch auf die Verwendung der richtigen Satzzeichen.

Der empörte **Stefan** forderte die Mitschüler zum Streik auf. Diesem Vorschlag schloss sich **Michaela** an. **Johanna** wandte ein, dass die Schulleitung so sicher nicht mit sich reden ließe. **Alexandra** stimmte Johanna zu und schlug vor, sich gut auf die kommende Auseinandersetzung vorzubereiten. Die Schulleitung habe keine Gründe für ihre Entscheidung genannt und alle Eltern, zum Beispiel Johannes' eigene Eltern, seien sicher nicht gegen den Kurs. **Johanna riet**, vernünftige Argumente zu sammeln und sie der Schulleitung vorzutragen. Sie fing an zu überlegen und sie nannte die ersten Argumente: Die Skigebiete seien sowieso schon da. Das Gemeinschaftsgefühl sei im Skikurs besonders groß. Außerdem schaffe der Skitourismus Arbeitsplätze in den Bergen. **Die Klasse beschloss**, um einen Gesprächstermin mit der Schulleitung zu bitten, um ihr Anliegen und die Argumente dafür dem Direktor vorzutragen. Am Schluss war **die Klasse** hoffnungsfroh, dass sie doch noch in den Skikurs fahren würden.

Stefan: „ ______________________________

____

Michaela: „ ______________________________

____

Johanna: „ ______________________________

____

Alexandra: „ ______________________________

____

Johanna: „ ______________________________

____

____

____

____

____

Die Klasse: „ ______________________________

____

____

____

____

____

3. Wandle alle Verbformen des folgenden Textausschnittes, der in direkter Rede (oder im Brief) steht, in die indirekte Rede um und schreibe die Lösung jeweils in die Spalte daneben.

Bsp.:

Laut verkündete Thomas:

„Ich mache mich jetzt auf die Socken.“ er mache sich auf die Socken

„Na“, hört sie von weitem. „Na, was hast du geträumt? Es muss etwas Angenehmes gewesen sein. Du lächelst über das ganze Gesicht.“ Mam sitzt im dunklen Zimmer im Sessel. „Mam! Sitzt du schon lange hier?“ „Ich weiß es nicht. Der Sessel ist bequem. Den werde ich öfter ausprobieren.“ Das sagt sie so. „Ja, dein Brief. – Bleib liegen, Lena.“ Mam drückt sie sanft ins Kissen. „Hör bitte zu. Und wenn's geht, unterbrich mich erst einmal nicht.“ „Gut.“ „Es stimmt, Heiner und ich – wir wollen uns trennen. Wollen ist aber schon falsch. Wir müssen uns trennen, das ist genauer. Weißt du, nichts ging mehr in der letzten Zeit. Wir können nur noch miteinander streiten. Wir reden wie in zwei verschiedenen Sprachen. Das ist wie eine Krankheit.“ Mams Stimme flackert. „Lass es. Reg dich nicht auf.“ „Lasst ihr euch richtig scheiden? Mit Rechtsanwalt und Gericht und so? Die Rike hat mir erzählt, sie ist von einer Frau vom Jugendamt ausgefragt worden, weil die geglaubt haben, die Eltern können sie nicht mehr richtig erziehen. Was ja auch stimmt, wenn die nicht mehr zusammenbleiben wollen.“

Länge und Kürze von Vokalen und S-Schreibung

➜ SB Seite 114 – 120

Lange Vokale

1. Bilde mit folgenden Wörtern Sätze.

a) der Weise: ______________________________

____

b) die Weise: ______________________________

____

c) die Seite: ______________________________

____

d) die Leiche: ______________________________

____

e) der Heide: ______________________________

____

f) die Heide: ______________________________

____

2. Welche Wörter, die mit dem Diphthong „ai" geschrieben werden, sind gemeint?

a) Elternlos und einsam ist man, wenn man es ist: ______________________________

b) Ein Wonnemonat ist es: ______________________________

c) Frösche sollen es mal werden: ______________________________

d) Popcorn wird daraus gemacht: ______________________________

e) Scharfe Zähne hat er: ______________

f) Zupfst du sie an, dann klingt es schön: ______________________________

3. Bilde aus den folgenden Wörtern jeweils ein Wort, das mit dem Diphthong „äu" geschrieben wird:

a) laufen: ______________________

b) Frau: ______________________

c) kauen: ______________________

d) Schnauze: ______________________

e) blau: ______________________

f) Schaum: ______________________

g) Grauen: ______________________

h) Haut: ______________________

i) saufen: ______________________

j) Raub: ______________________

4. Bilde aus den Silben möglichst viele Wörter mit dem Diphthong „eu".

Eu- • -zen • Meu- • Beu- • -en • -te • -e • heu- • Schleu- • teu- • Seu- • Zeu- • -se • Eu- • meu- • -ge • neu- • -tral • seuf- • -ro- • heu- • -se • Teu- • -te • freu- • -der • -che • -te • -tern • Schleu- • -er • -er • -gier • neu- • -ter • -pa • -fel • Neu- • Eu- • -len • -ig • Leu- • -te • Neu- • Reu- • -ro- • Feu- • -le • -keit

____

____

____

____

____

____

5. In diesem Suchrätsel sind Fremdwörter vertikal und horizontal versteckt. Kreise sie ein.

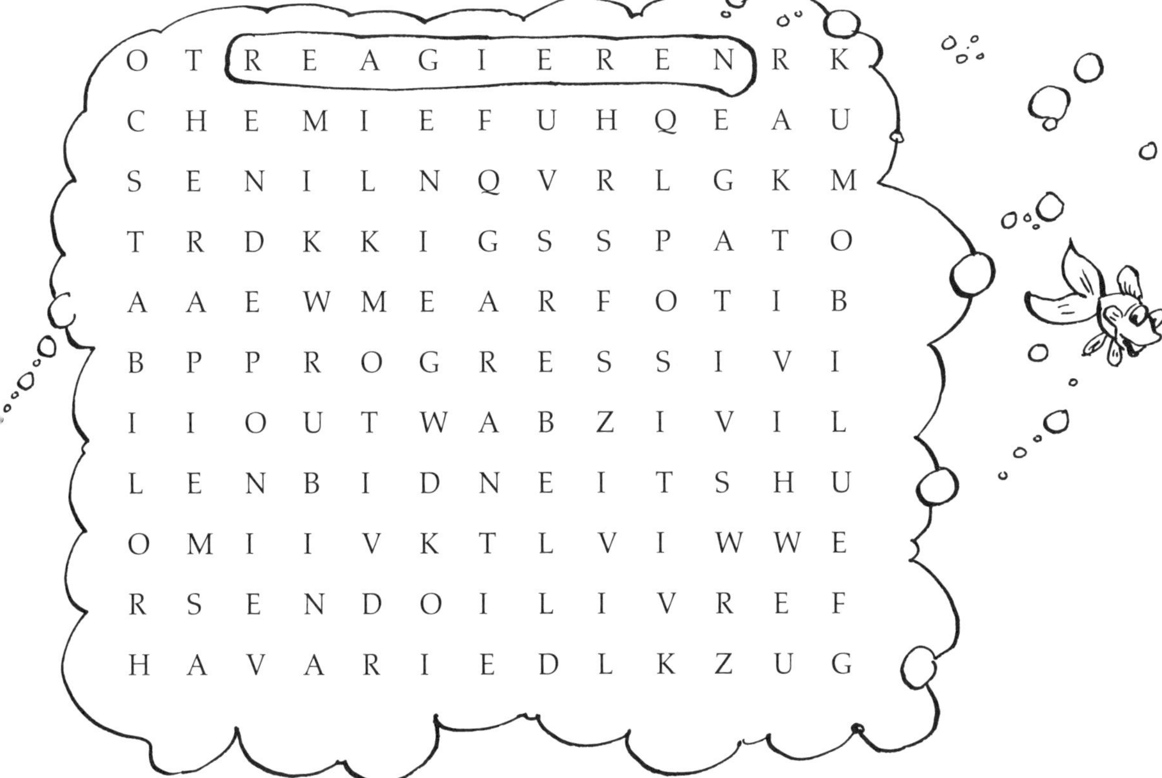

Kurze Vokale

1. Bilde aus den folgenden Wörtern den Plural oder ein Verb und verwende es in einem Satz.

a) Ass: ____

____

b) Stopp: ____

____

c) Tipp: ____

____

d) Wrack: ____

____

2. Ordne die Buchstabenfolgen so, dass ein richtiges Wort entsteht.

ERPIP
TLPONER
PSAENNN
BBWAELIG

OTSK
ERPNELL
WIERNMM
HCSMMAW

APEPP
NNONE
ELLEW
NERRAHCS

AMMKODNRIEEN
SSELNE
EVTTRE
ATULLESCH

3. Schreibe die Sätze ab und ergänze die fehlenden Doppelkonsonanten.

a) Der Ma____eur rät Mo____igen vom Genu____ von Spage____i, Karame____bonbons, Kotele____s und Frikade____en ab, denn sie haben zu viele Kalorien. Hu____er dagegen, der mit Ra____ine____e luku____isch zubereitet ist, oder Se____erie mit einem guten Dre____ing sind dagegen kalorienarm und a____etitlich zu essen. Auch gegen eine Kara____e leichten Weißweins ist im A____gemeinen nichts zu sagen.

b) Während wir Ro______ee spielten, kna____erten wir Pfe____erminzbonbons und ni____ten an unserem Mineralwa____er.

c) Der Ko____i____ar war so polyglo____ und inte____igent, da____ die Ko____unikation mit den phili____inischen Ko____egen flü____ig vonsta____en ging.

d) Er gab sich der I____usion hin, da____das bi____chen Jo____ing ihn a____mählich fi____er machen würde.

e) Sie saßen auf der abschü____igen Seite des Kli____s, das sie erklo____en ha____en, sahen auf die See, bi____erten, waren bla____ und mi____mutig darüber, da____ das We____er so schnell umgeschlagen war.

Das – Dass

1. Ergänze das fehlende *das* bzw. *dass*. Setze die fehlenden Kommas.

Vergebens hatte er gehofft ______ man ihn nicht entdecken würde. Als er sich in seinem Versteck ______ er sorgfältig ausgewählt hatte bewegte merkte er ______ ______ Gebüsch ______ ihn eigentlich gut verdeckte sich bewegte so ______ seine Kameraden die er eigentlich erschrecken wollte auf ihn aufmerksam wurden. ______ der Streich nicht geglückt war konnte er verschmerzen denn ______ Anschleichen hatte schon so viel Spaß gemacht ______ er damit zufrieden war. Seine Kameraden freuten sich ______ sie ihn entdeckt hatten und waren zufrieden ______ sie so aufmerksam gewesen waren ______ ihnen ______ Wackeln des Gebüschs nicht entgangen war.

2. **a)** Unterstreiche alle *das/dass* in dem Text und nummeriere sie durch.
b) Entscheide, welche Funktion das Wort an der jeweiligen Stelle erfüllt. Wird es als Artikel, als Relativpronomen, als Demonstrativpronomen oder als Konjunktion gebraucht?
(Du kannst folgende Abkürzungen benutzen:
Art. = bestimmter Artikel; RP = Relativpronomen; DP = Demonstrativpronomen; K = Konjunktion)

Dass das Telefon eine nützliche Erfindung ist, das wird niemand bestreiten. Dass es aber auch viel Ärger und Streit bringen kann, das steht auch fest. Streit gibt es manchmal, wenn jemand zu lange telefoniert. Das Telefon, das für die ganze Familie zur Verfügung steht, ist stundenlang blockiert, wenn der Sohn mit seiner Freundin telefoniert. Das ärgert die Eltern, die das Telefon nicht benutzen können und obendrein die teure Telefonrechnung bezahlen müssen. Das kann man ändern, indem man, wie es manche Eltern machen, den Kindern jeweils eine eigene Telefonnummer gibt und die Rechnung vom Taschengeld bezahlen lässt. Dass das funktioniert, liegt auf der Hand. Manche sagen aber, dass es ungerecht ist, dass das Kind die komplette Telefonrechnung bezahlen muss. Gerechter ist es, dass das Kind einen Freibetrag hat und nur das bezahlen muss, was über den Freibetrag hinaus geht.

Groß- und Kleinschreibung

➜ SB Seite 121 – 126

1. In den folgenden Sätzen können Begriffe sowohl klein- als auch großgeschrieben werden. Schreibe jeweils die beiden Versionen auf und erkläre die unterschiedlichen Bedeutungen.
Beispiel: SCHAU, DIE SCHÖNE NAHT. *Schau, die Schöne naht./Schau, die schöne Naht.*

a) DIE GROSSEN FALLEN.
b) ER ISST FETT.
c) DIE KLEINEN KOSTEN.
d) DIE WUNDERSCHÖNEN LOCKEN.
e) ER IST NÄHER.
f) ER RUFT ERSCHRECKT: „DIE SPINNEN!“

2. Schreibe die Sätze in korrekter Groß- und Kleinschreibung ab.

a) DER LETZTE MACHT DIE TÜR ZU.
b) ER HAT ALLERLEI GUTES UND NICHTS SCHLECHTES FÜR EUCH GETAN.
c) BEIM EINLADEN DES GEPÄCKS HEUTE MITTAG VERHOB ER SICH.
d) DIE FAMILIE STAND WIEDER EINMAL VOR DEM NICHTS.
e) IM ALLGEMEINEN MACHT MIR DAS VERLIEREN NICHTS AUS.
f) ER GING ALS ERSTER DURCHS ZIEL UND WURDE ALS LETZTER GEEHRT.
g) JEDER DRITTE HAT BEDENKEN GEÄUSSERT.
h) SIE TAPPTEN BEI DER SUCHE NACH DEM TÄTER IM DUNKELN.
i) GESTERN ABEND WAR ER ZUM MALEN BEI UNS.
j) DAS AUFSTEHEN FIEL MIR HEUTE MORGEN LEICHT.
k) WIR WERDEN BEIM RENNEN DEN KÜRZEREN ZIEHEN.

a) ____________________

b) ____________________

c) ____________________

d) ____________________

e) ____________________

f) ____________________

g) ____________________

h) ____________________

i) ____________________

j) ____________________

k) ____________________

3. Bilde mit folgenden Wendungen Sätze.

aus dem Vollen schöpfen • das Weite suchen • auf dem Laufenden bleiben • den Kürzeren ziehen • im Argen liegen • ins Lächerliche ziehen • ins Schwarze treffen • außer Acht lassen

____

____

____

____

____

____

____

____

____

4. Ordne die folgenden Regeln den Beispielsätzen zu, indem du hinter dem Satz die Nummer der zugehörigen Regel schreibst.

> **!**
> Adjektive werden großgeschrieben, wenn sie Teil
> 1. einer geografischen Bezeichnung,
> 2. eines Titels,
> 3. einer fachsprachlichen Bezeichnung,
> 4. einer geschichtlichen Bezeichnung,
> 5. oder des Namens einer Institution oder Einrichtung sind.
> 6. Aus Ortsnamen abgeleitete Adjektive auf -er werden großgeschrieben.

a) Der New Yorker Marathonlauf zieht viele Sportler an. ______

b) Die Hauptstadt Berlin hat einen Regierenden Bürgermeister. ______

c) Der Zweite Weltkrieg hat in allen Ländern viele Opfer gefordert. ______

d) Die Frankfurter Allgemeine Zeitung ist neben der Süddeutschen Zeitung eine der größten deutschen Tageszeitungen. ______

e) Der Nahe Osten ist ein politisches Krisengebiet. ______

f) Das Deutsche Rote Kreuz hat auch Rettungshubschrauber. ______

g) Wenn ein Sturm aufkommt, ist der Stille Ozean nicht so still, wie der Name verspricht. ______

h) Das Museum für Deutsche Geschichte ist in Berlin. ______

i) Der Rote Milan gehört zu den Raubvögeln, die in Deutschland selten vorkommen. ______

j) Mit dem Westfälischen Frieden wurde der Dreißigjährige Krieg beendet. ______

5. Bilde mit den folgenden Wendungen Sätze.

durch dick und dünn • über kurz oder lang • von klein auf • von nahem gesehen • ohne weiteres • bis auf weiteres

____

____

____

____

____

____

____

____

____

6. Setze in die Lücken jeweils passende Adjektive.

a) Er freute sich über alle Gäste; aber besonders freute er sich über die ______________.

b) Er zeigte mir viele Röcke, von denen mir die ______________ am besten gefielen.

c) Ich fahre gerne Auto, aber die ______________ fahre ich am liebsten.

d) Wir putzten zusammen Schuhe, er die ______________ und ich die ______________.

e) Fröhlich liefen wir zu den Schwimmbecken, wir sprangen ins ______________ und meine Mutter ging mit Corinna ins ______________.

f) Meine Mutter hatte zwei Sorten Äpfel gekauft; die ______________ zum Essen, die ______________ zum Backen.

g) Die Busreise machten Feriengäste in jedem Alter mit. Die ______________ wollten abends in die Disco, die ______________ in die Weinstube.

h) Heute legte der Lehrer die Aufstellung für das Klassenfoto fest. Damit auch alle gut zu sehen waren, mussten die ______________ nach hinten, die ______________ nach vorne.

Zusammen- und Getrenntschreibung

➜ SB Seite 127 – 128

1. Erläutere die unterschiedliche Bedeutung der beiden jeweils gleich klingenden Verben innerhalb der Sätze.

a) Susi und Uli wollen zusammen kommen.
Susi und Uli wollen zusammenkommen.

b) Beide wollen wieder kommen.
Beide wollen wiederkommen.

c) Wir sollen da bleiben.
Wir sollen dableiben.

d) Wir mussten den Handwerker wieder holen.
Wir wollen die Vokabeln wiederholen.

e) Wir haben als Kinder die Sandburgen immer zusammen gebaut
Wir haben als Kinder Modellbausätze zusammengebaut.

f) Der Betrag wird ihnen gutgeschrieben.
Er hat das Buch gut geschrieben.

2. Bilde mit den folgenden Verben Sätze. Achte dabei darauf, dass du das Verb so verwendest, dass die Zusammenschreibung erhalten bleibt. (Nicht: *Sie stellten ihn kalt, indem sie ihm wenig zu tun gaben.* Richtig: *Er bekam so wenig Aufgaben, dass er kaltgestellt war.*)

schönfärben • anrechnen • stilllegen • langlaufen • schwarzarbeiten • sich totlachen • etwas totschweigen

3. Verwende folgende Adverbien in Verbindung mit Verben in Sätzen. Das jeweils passende Verb findest du im rechts stehenden Wortspeicher.

aufeinander • rückwärts • abhanden • beiseite • überhand • vonstatten • vorlieb • zugute • zunichte • zuteil

• werden
• nehmen
• kommen
• nehmen
• gehen
• folgen
• machen
• gehen
• nehmen
• kommen

S. 12 Natur und Umwelt, Heft 1/2000, hg. vom Bund Naturschutz in Bayern e.V., Landesgeschäftsstelle, Regensburg

S. 16 Im Schlafzimmer Auge in Auge mit dem Bär, aus: Landshuter Zeitung, 6.12.1998, dpa

S. 26 Axel Hacke, Hackes Tierleben, Verlag Antje Kunstmann, München 1995

S. 28 Heinrich Heine, Belsazar, aus: Historisch-kritische Gesamtausgabe der Werke, hrsg. v. Manfred Windfuhr, Hoffmann & Campe, Band 6, 1973, S. 87

S. 30 Rainhard Fendrich, Blond, BMG Ariola, München GmbH 1997

S. 33 ff. Wolfdietrich Schnurre, Walters Errettung, in: ders., Als Vaters Bart noch rot war, Verlag der Arche, Zürich 1958

S. 40, 43, 44, 45, 46, 47, 49, 51 Peter Pohl, Jan, mein Freund, Otto Maier Verlag, Ravensburg, 1985 (teilweise verändert)

Quellenverzeichnis